Os Povos Indígenas no **Brasil**

Editora Melhoramentos

Donato, Hernâni
  Os Povos Indígenas no Brasil / Hernâni Donato. 3.ª edição.
São Paulo: Editora Melhoramentos, 2014.

  Título anterior: Os índios do Brasil
  ISBN 978-85-06-06205-0

  1. Indígenas no Brasil – Usos e costumes. 2. História do
Brasil. I. Título.

13/285   CDD 981

Índices para catálogo sistemático:
1. História do Brasil 981
2. Indígenas – História do Brasil 981

CRÉDITOS DAS IMAGENS

Capa
Festa do Djawari na aldeia Aiha – Sergio Ranalli/Pulsar Imagens.
Indígenas da aldeia Yawalapiti tocando flauta uruá no Kuarup – Rogério Reis/Pulsar Imagens.
Adolescente yanomami recém liberada de seu ritual de passagem para a idade fértil – Edson Sato/Pulsar Imagens.
Indígenas yawalapitis lutando o huka-huka no Kuarup – Rogério Reis/Pulsar Imagens.

Página 3
Hercule Florence. *Habitação dos Apiacás sobre o Arinos*, 1828. Aquarela sobre papel.

Página 4
Crianças brincando durante a produção de sal na lagoa dos Aldeia Kuikuro – Renato Soares/Pulsar Imagens.
Detalhe de fruta-pão na feira de produtores rurais no Mercado Municipal – Cesar Diniz/Pulsar Imagens.

Página 5
Arte plumária Bororo – Acervo Memorial da América/Foto – Renato Soares/Pulsar Imagens.
Criança yanomami segurando periquito de estimação – Edson Sato/Pulsar Imagens.

Edição Revisada conforme o Acordo Ortográfico da Língua Portuguesa

© Hernâni Donato

Pesquisa iconográfica:
Tempo Composto Ltda.
Monica de Souza e Cristiane Morinaga

Revisão de legendas:
Taís Renata Luiz

Projeto gráfico e diagramação:
APIS design integrado

Direitos de publicação:
© 1995 Cia. Melhoramentos de São Paulo
© 2010, 2012 Editora Melhoramentos Ltda. Todos os direitos reservados.

3.ª edição, janeiro de 2016
ISBN: 978-85-06-06205-0

Atendimento ao consumidor:
Caixa Postal 11541 – CEP 05049-970
São Paulo – SP – Brasil
Tel.: (11) 3874-0880
www.editoramelhoramentos.com.br
sac@melhoramentos.com.br

Impresso no Brasil.

HERNÂNI DONATO

Os Povos Indígenas
no Brasil

MELHORAMENTOS

SUMÁRIO

Os Indígenas do BRASIL

Um erro que perdurou por muitos anos

Por que o habitante da América foi chamado de *índio* pelo europeu descobridor? Porque Cristóvão Colombo partiu da Espanha certo de navegar para a Índia, na Ásia. Ao chegar em terra, não duvidou: estava na Índia. Portanto, os homens ali encontrados seriam *índios*.

Quanto ao Brasil, houve quem chamasse os nativos de *negros*, por não serem brancos e lembrarem os africanos já conhecidos pelos portugueses; ou *brasis* ou *brasilienses*, isto é, gente da terra do pau-brasil.

Propostas para se dar nome americano ao homem das Américas foram várias. *Ameríndio, amerígena* entre outros, até surgir, *índio*.

A palavra índio foi inventada tempos depois da chegada de Cabral. Isso fica claro na famosa Carta de Pero Vaz de Caminha, que não se refere à palavra índio, mas cita os "negros da terra".

Os primeiros a habitar todo o território que hoje é o Brasil, eram indígenas de diferentes etnias. Os que receberam Cabral e suas esquadras, por exemplo, eram os Tupinambá. Indígenas, sim. Índios, não.

A palavra índio é formada com base em imagens que trazemos dentro de nós e que foram "construídas". Quando pensamos em índios, nos ocorrem imagens padronizadas, muitas vezes repetidas.

É, portanto, uma forma negativa de se referir a um grupo étnico que tem suas especificidades. A palavra indígena quer dizer nativo e tem muito a ver com o ato de uma pessoa pertencer a um grupo ancestral.

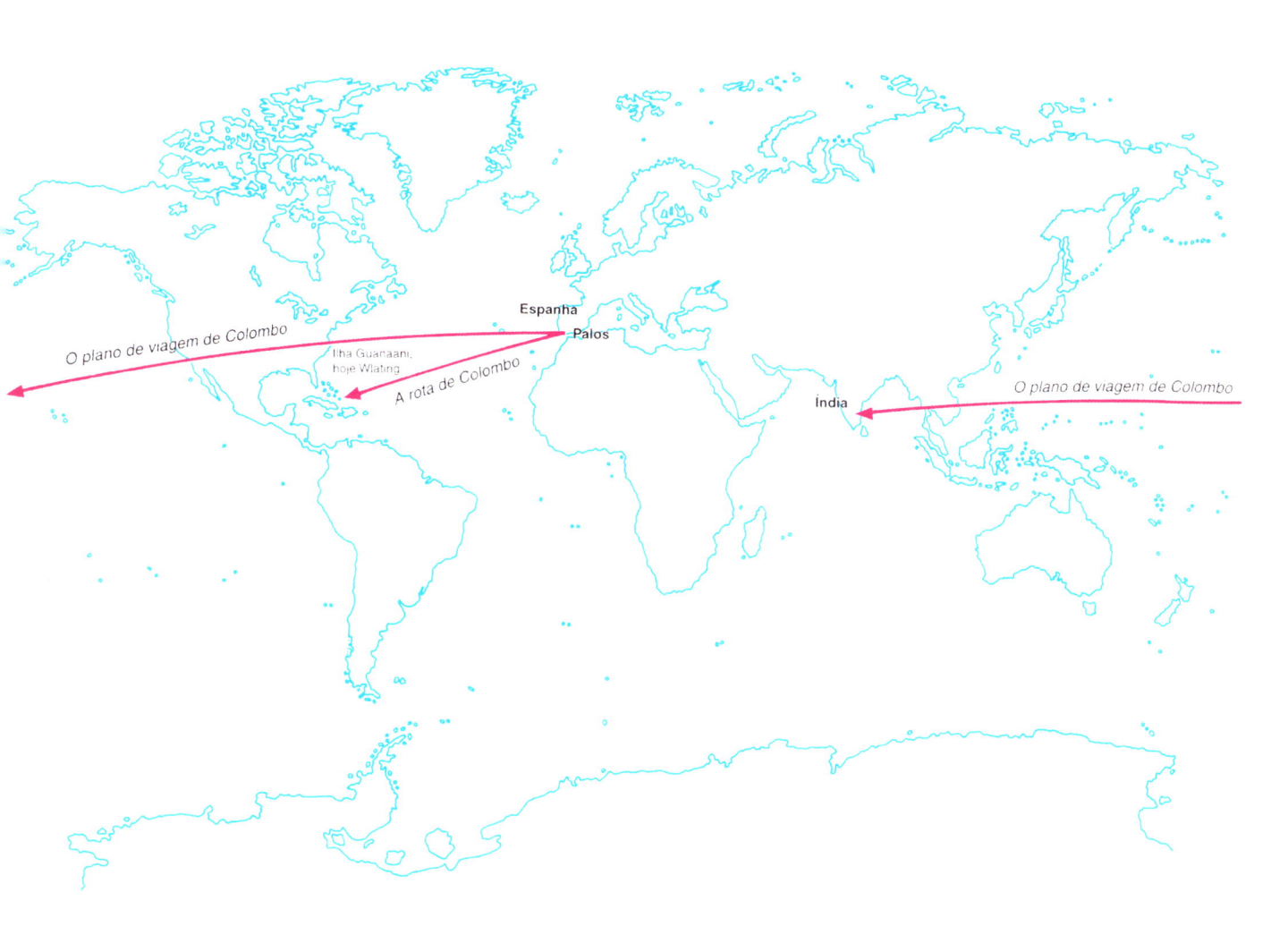

Espanha
Palos
O plano de viagem de Colombo
Ilha Guanaani, hoje Wlating
A rota de Colombo
Índia
O plano de viagem de Colombo

A primeira referência ao brasilíndio é a de Pero Vaz de Caminha, o escrivão da frota de Cabral.

Outras descrições confirmaram ser o nativo de cor avermelhada, com altura média de um metro e sessenta centímetros, rosto cheio e arredondado, nariz curto e estreito, lábios finos, cabelos negros, lisos e compridos, pouca barba, dentes sadios e bem implantados.

Sendo pequenas as diferenças de tipo humano entre nações e tribos, a descrição acima, de um tupinambá, pode ser aceita como a do brasileiro típico do ano 1500. Deste povo e dos tempos iniciais da história do Brasil, trata este texto.

Morador antigo

Desde quando estariam aqui? A cada pesquisa, a chegada desse povo recua no tempo.

Carvões e cinzas encontrados na região da Lagoa Santa, Minas Gerais, e em Paranapanema, São Paulo, testemunharam atividade humana entre 18 mil e 11 mil anos atrás. Por muito tempo, esses números satisfizeram.

Em 1986, uma equipe do Museu Paulista, chefiada por Nièda Guidon, investigando o sítio arqueológico de São Raimundo Nonato, Piauí, achou fósseis que, analisados no país e no exterior, teriam feito recuar a presença do homem americano para 32.160 anos.

"Brasileiros" de longa data, portanto!

Mas vindos de onde?

ROGÉRIO REIS/PULSAR IMAGENS

Na cerâmica, simples ou ornamentada, testemunhos dos primeiros brasileiros.

↗ Pinturas rupestres encontradas no Sítio Arqueológico do Parque Nacional da Serra da Capivara, localizado em São Raimundo Nonato, no Estado do Piauí.

Houve quem dissesse que o indígena seria autóctone, isto é, produto do próprio continente. Hipótese afastada.

A imaginação, mais do que a ciência, contribuiu para sugerir o local do provável berço do indígena brasileiro. Egípcios, cananeus, tártaros, babilônios, fenícios, cários, hititas, hebreus e até atlantes, de cuja existência real não estamos seguros, foram apontados como seus antepassados.

Aceitáveis, mesmo, temos três teorias.

A australiana afirma que os ancestrais dos americanos migraram para oeste, ao longo do continente antártico, até a Terra do Fogo, de onde passaram para a Argentina e o Chile atuais e destes para os demais países. A teoria malaio-polinésia defende a chegada de povos da Oceania navegando pelo Pacífico, de ilha em ilha, até o litoral andino. Com o tempo, atravessaram a cordilheira, entraram no Brasil e o possearam.

RICARDO AZOURY/PULSAR IMAGENS

↗ Crânio de Luzia, fóssil encontrado no início dos anos 1970 pela missão arqueológica franco-brasileira, chefiada pela arqueóloga francesa Annette Laming-Emperaire (1917–1977). O crânio foi achado em escavações na Lapa Vermelha, uma gruta na região de Lagoa Santa e Pedro Leopoldo, na Região Metropolitana de Belo Horizonte, Minas Gerais.

A teoria mais difundida, porém, é a asiática. Ela ensina que, aproveitando o congelamento das águas do Estreito de Bering, entre a Sibéria e o Alasca, ondas sucessivas de mongóis dirigiram-se para a América. Lentamente, teriam descido pelo litoral do Pacífico, fixando-se aqui e ali, formando culturas e nações. Algumas atingiram nível sociocultural admirável, a exemplo das civilizações astecas, maias e incas. Pelos atuais Colômbia, Peru e Bolívia penetraram em território brasileiro.

O fato é que, em abril do ano 1500, de 1,5 milhão a 2 milhões de indígenas, vivendo em aldeias que raramente somavam mil habitantes, falando mais de trezentas e cinquenta línguas, estavam por todo o Brasil. Há quem aumente ou diminua essa quantidade de línguas e de população. Berta Ribeiro fixa-a em mais de 9 milhões de indivíduos, divididos em grupos e subgrupos.

Reconstituição do rosto de Luzia, nomeada pelo biólogo Walter Alves Neves. Luzia é o fóssil humano mais antigo encontrado nas Américas. Com aproximadamente vinte anos, ela viveu há cerca de 11.400 a 16.400 anos atrás, ↙ no Brasil.

ISMAR INGBER/PULSAR IMAGENS

↗ Viagem ao Brasil do príncipe Maximiliano de Wied–Neuwied. Estampa n.º 147: *Festa de Dança dos Índios Camacãs*, 1817. Aquarela e pena.

Novas descobertas arqueológicas são realizadas e ampliam o conhecimento sobre as datas das primeiras migrações humanas para o continente americano. Mas, apesar disso, ainda existem muitas dúvidas. Certo é que por volta de 10 mil anos atrás já existia a presença humana em todo o continente, e há cerca de 12 mil anos uma parte da América do Sul era ocupada por populações de caçadores e coletores.

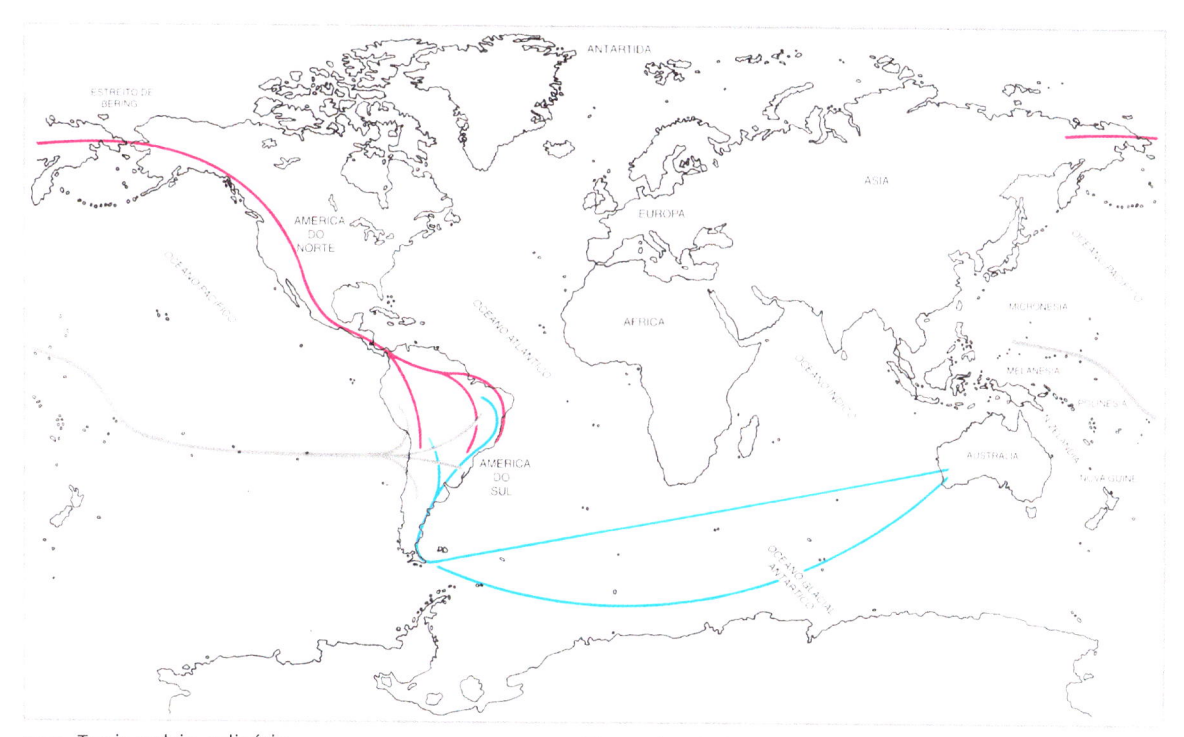

▬▬ Teoria malaio-polinésia
━━ Teoria australiana
━━ Teoria asiática

↖ As três principais teorias sobre a origem do indígena brasileiro.

A primeira classificação dos indígenas em diferentes grupos é devida aos jesuítas. Guiando-se pela língua e pelo território em que a mesma era falada, os padres localizaram o grupo *tapuia* no vasto interior e o *tupi*, pelo litoral.

Classificação mais científica foi sugerida, em 1884, por Karl von den Steinen. Seriam quatro os grupos: *tupi-guarani, jê* ou *tapuia, nuaruaque* ou *naipure, caribe* ou *caraíba*. Em linhas gerais, essa classificação continua vigorando.

Tupis e guaranis formavam um complexo de raça e de língua. Há uns 2 mil anos, eles deixaram a Cordilheira Oriental Colombiana, rumando para o sul e o leste. Os futuros guaranis desceram pelos vales dos rios Madeira e Guaporé. Os que viriam a ser os tupis, pelas praias do oceano e os vales dos rios Araguaia e Tocantins. Mil anos depois, tupis e guaranis se reencontraram entre os rios Tietê e Paranapanema. Para se estabelecer, expulsaram ou eliminaram populações pertencentes a culturas das quais ignoramos praticamente tudo: os paleoíndios. Estes seriam grupos nômades, incapazes de erguer malocas e, por isso mesmo, vivendo ao relento. Entre seus hábitos, estaria a prática da antropofagia. Conforme Alfred Métraux, a dispersão final dos tupis e guaranis teria ocorrido a partir da Bacia do Prata, no sentido sul-norte.

GLOSSÁRIO

TAPUIA - **bárbaro, inimigo**

MUSEU NACIONAL DA DINAMARCA, COPENHAGUE

↖ Albert Eckhout. *Dança dos Tapuias*, s.d. Óleo sobre tela.

Os tupis tomaram pé na extensa área entre o Pará e o sul de São Paulo, preferindo o litoral. Pelo nordeste vagaram os tupis potiguares, tabajaras, caetés. A atual Bahia acolheu tupiniquins e tupinambás. Do Espírito Santo ao norte do Paraná, dominaram os tamoios. No planalto paulista mandaram os guaianás. Pelo Baixo Amazonas, os mundurucus e os parintintins conservaram-se "ilhas" tupi em meio a outros grupos. Na vastidão do seu domínio, os tupis conviveram, ora bem, ora mal, com tribos estranhas: coroados, goitacás, puris.

Aos guaranis coube o chão que vai do Paraná ao Rio Grande do Sul, o Mato Grosso do Sul e terras hoje da Argentina, da Bolívia e do Paraguai. Por aí suportaram a vizinhança rixenta com os chiriguanos e outros.

Sob o rótulo de *jê* haveria um grupo etnográfico de extensão ainda não delimitada, sendo os tapuias seus principais representantes. Não sabemos como eles se autodenominavam, pois a palavra tapuia é da língua tupi, significando não tupi, estrangeiro, bárbaro. Jês foram os caiapós, goitacás, cariris, aimorés, botocudos, suiás, bugres, coroados, apinajés.

Aruaques e caribes ou caraíbas, igualmente vindos do noroeste continental, das Antilhas e da América Central, partilharam o vale amazônico e o norte do Planalto Mato-Grossense. *Karib* era o nome que se davam, traduzindo o orgulho de serem considerados valentes, guerreiros, heróis.

A provável localização dos principais povos indígenas no ano de 1500.

Indígenas umutinas. O grupo habita a margem direita do Rio Paraguai, em Cuiabá, Mato Grosso.

MARIO FRIEDLANDER/PULSAR IMAGENS

O tupi-guarani era a mais difundida. Couto de Magalhães afirmou que "o tupi e o guarani são a mesma língua em dois períodos: o tupi, mais primitivo, quase monossilábico; o guarani, mais desenvolvido".

De Cananeia para o sul e até o vale do Rio Paraguai, ouvia-se o guarani. Mas não exclusivamente, segundo mostra a geografia, pois nomes de locais como Goioerê, Xanxerê, Chapecó são do falar carijó, enquanto Nioaque, no sul do Mato Grosso do Sul, indica a influência regional dos guaicurus, povo não guarani.

Os padres Anchieta e Luís Figueira organizaram gramáticas do tupinambá, o mais difundido dialeto ou variante do tupi. Anchieta, outros religiosos e alguns viajantes recolheram lendas e criaram literatura nessa variante.

Eis um trecho de *O auto de São Lourenço*, de autoria de Anchieta. O diabo Guaixara revela o plano de subjugar a aldeia por meio da embriaguez. Com isso, o autor condenava o uso imoderado das bebidas.

GLOSSÁRIO

CAÁ – **erva-mate, erva, arbusto, mato ralo**

Xe anho
co taba pupe aico
cerecoaramo uitecobo
xereco rupi imoingobe.

Tradução: *Eu somente nesta aldeia estou como seu guardião fazendo com que ela obedeça ao meu querer.*

BIBLIOTECA MUNICIPAL MÁRIO DE ANDRADE, SÃO PAULO

J. Lips e Maximilian Wied-Neuwied. *Grupo Camacã na Floresta*. Gravura em cobre. Ilustração do Kupfer und Karten der Reise Nach Brasilien... A convivência tribal e familiar exigia cordialidade e o bom uso da língua.

Para ajudar a compreensão:

Na língua tupi, a ordem direta construía as frases, colocando as preposições e conjunções no final, depois do tema. Teodoro Sampaio escolheu este exemplo: O caçador e o cão entraram no mato. Em tupi: *Camonoçára yauára irumo oikeana caá opé*. Caçador cão e entraram mato no.

A língua, forte elemento de orgulho, traço de união para tribos e nações. Para o tupi, a *nhehengatu*, a sua língua, é a melhor de todas. O mesmo dizia o guarani da sua, a *ava nhehen*. A primeira causa da guerra permanente entre tupis e tapuias era o fato de estes não falarem a língua daqueles.

A língua tupi incorporou o vocabulário do idioma português e foi gramaticalmente disciplinada pelos jesuítas. Tornou-se a língua geral, ou brasílica, mais falada do que a portuguesa até meados do século XVIII. Só não se fixou como a língua brasileira porque em 3 de maio de 1757 o seu ensino e uso público foram proibidos por ordem real.

No entanto, um pouco dessa língua permanece conosco, especialmente na fala caipira ou interiorana. Pelo fato de não existirem entre as dezenove letras do tupi as letras *f, l, j, z, v* e também o *r forte*, o *s* sibilante e os grupos *Ih, rr*, sucedeu que o som palatal *Ih* soou *ie* (paia em vez de palha, fio em vez de filho) e o */* gutural (o */* da palavra animal) soou *r* = animar. Assim diz o povo no modo de falar "tupinizado" ou acaipirado: paia, fio, animar.

BIBLIOTECA NACIONAL, RIO DE JANEIRO

↗ Arte de grammatica da lingoa mais vsada na costa do Brasil... Feyta pelo Padre Ioseph de Anchieta da Côpanhia de Iesv. Em Coimbra, per Antonio de Mariz, 1595. Fac-símile da página de rosto da obra de Padre José de Anchieta.
Ele foi o primeiro a escrever na língua dos Tupinambá (tronco Tupi), a mais falada na costa brasileira e, por isso, utilizada como instrumento de catequização indígena pelas missões jesuíticas.

A língua dos tapuias ou jês, comparada à tupi, pareceu aos europeus menos rica e bem mais difícil e, por isso, a rotularam de *língua travada*. Pouco se interessaram por ela, apontada por alguns como fusão dos falares aimará e abanheenga. Nomes tapuias de sítios do Nordeste mostram lugares habitados pelos jês: Cariri, Moxotó, Catolé, Mossoró.

Nomes poesia

Suave e melodiosa, a língua tupi permitiu criar poesia. É poesia o que certos autores encontraram, por exemplo, em nomes próprios femininos, se é que estes foram corretamente preservados:

Ibatira ou Potira, que hoje é Bartira = flor
Moema ou Coema = aurora
Iracê (Iraci) = doçura
Aracê ou Iracê = manhã, nascer do dia
Jandira = mel, doçura

A língua *caribe* — praticada desde as Pequenas Antilhas, na América Central, e do norte da América do Sul até a Amazônia brasileira — é apontada pelo linguista Aryon Rodrigues como tendo a mesma origem do tupi. O Alto Xingu seria o berço de ambas, as quais conservam muitas palavras em comum.

O *aruaque* fez-se ouvir da Flórida, Estados Unidos, às Antilhas e Guianas. No Brasil, pela bacia Amazônica e ao norte do planalto Mato-Grossense.

Das centenas de outras línguas do Brasil de Cabral não dispomos nem mesmo dessas poucas referências.

A vida tinha por centro a *táua*, taba ou aldeia, reunião das malocas. Em cada maloca, várias famílias: pai, mãe, filhos, esposas dos filhos, maridos das filhas, netos, bisnetos, mulheres solteiras, parentes velhos, amigos agregados, prisioneiros de guerra. Numa taba, geralmente havia entre trezentas e quatrocentas pessoas.

O sítio ideal para erguer a taba deveria ser bem ventilado, dominando visualmente a vizinhança, próximo de rios e da mata. A terra, própria para o cultivo da mandioca e do milho.

Esse local estaria entre nove e cinquenta quilômetros de outras tabas, pois a caça, a pesca, a coleta de frutos e de raízes exigiam grande espaço. A distância que garantia a comida também provocava isolamento.

EDSON SATO/PULSAR IMAGENS

Panela cozinhando castanha de cunuri no interior de oca de pau a pique da família yanomami, em São Gabriel da Cachoeira, Amazonas.

↗ Vista aérea da aldeia Aiha. Etnia Kalapalo, Parque Indígena do Xingu, em Querência, Mato Grosso.

Havendo ameaça de guerra ou vizinhança suspeita, a tribo erguia ao redor da taba uma cerca de pau a pique, a *caiçara*. Conforme o caso, mais uma ou duas cercas. Entre elas colocavam estrepes envenenados ocultos no capim. E mundéus, armadilhas capazes de destroçar o inimigo.

No centro da aldeia ficava a *ocara*, a praça. Ali se reuniam os conselheiros, as mulheres preparavam as bebidas rituais, tinham lugar as grandes festas, principalmente a da morte dos prisioneiros de guerra. Da ocara partiam trilhas — *pucu* — que levavam à roça, ao campo de caça e ao bosque, onde eram depositados os dejetos.

O número de malocas numa taba dependia da quantidade de alimento disponível na área, variando de quatro a dez. Uma taba com quatro malocas de cem moradores, em cada uma, consumia cerca de quatrocentos quilos de alimentos por dia. Em pouco tempo estariam esgotados os produtos naturais, os peixes, a caça. Uma aldeia considerada média não possuía mais do que quinhentos moradores.

GLOSSÁRIO

OCARA - **praça da taba**

PALÊ ZUPPANI/PULSAR IMAGENS

Vista aérea da aldeia Aiha. Etnia Kalapalo, no Parque Indígena do Xingu, em Querência, Mato Grosso.

EDSON SATO/PULSAR IMAGENS

Crianças yanomamis com balaios e boneca brincando na aldeia do Deminí, em Barcelos, Amazonas.

O espaço ao redor da taba era denominado *retama*, valendo por terra da própria habitação, ou seja, idealmente, pátria, país. *Tupire-tama* equivalia à região ou pátria dos tupis. *Tapuiretama*, dos tapuias. *Pindóretama*, aportuguesada "Pindorama", região onde abundam palmeiras.

Da noção de território evoluíram para a que poderíamos chamar de nacionalidade. Assim, *taba-y-ara* = aquele que vive na mesma taba, o conterrâneo. Já o *Çabay--goára* seria cautelosamente observado por tratar-se de estranho, estrangeiro, morador de outra taba.

OS CAMINHOS. ORIENTAÇÃO

O selvagem não se perdia na imensidão dos campos ou no sombrio das matas. Ele "via" ou marcava seus caminhos.

Aproveitava as trilhas abertas por animais, na capoeira ou no mato ralo, assinalava a marcha de ida cortando ramas de espaço a espaço. Chamava a esse processo *caapepena* ou *ibapaá*. Na floresta cerrada, com o machado, sinalizava troncos de árvores. Nos campos sem fim, iguais, enfiava no chão varetas quebradas. A parte menor indicava a direção.

O avanço do sol também ajudava. A sombra do polegar sobre a palma da mão dizia muita coisa ao viajante que, à noite, guiava-se pelas estrelas. O vento, batendo no rosto, revelava onde e a que distância havia água, para beber ou servir de orientação ou caminho.

O indígena andou tanto que, com o passar dos séculos, a natureza alargou a planta dos seus pés e deu-lhe dedos cabeçudos, compridos, próprios para agarrar o solo. Os pés, sempre apontados para a frente, ao contrário dos pés do homem branco, que abrem um pouco para os lados. Com o peso do corpo melhor distribuído, o indígena pôde ir mais longe, em menos tempo, com menor esforço. Também por isso, foi ótimo viajante, caçador e guerreiro.

Johann Moritz Rugendas. *Pont de Lianne* (Ponte de cipó), 1835. In: *Viagem Pitoresca através do Brasil*, século XIX. ↙ Litogravura.

BIBLIOTECA NACIONAL, RIO DE JANEIRO

A MALOCA OU OCA

Destinada a durar no máximo cinco anos, a *maloca* ou *oca*, isto é, a casa do indígena, era erguida com varas, fechada e coberta com palha ou folhas. Não recebia reparos. Quando inabitável, os ocupantes a abandonavam.

Seu tamanho era condicionado ao número de pessoas que abrigaria: de cinquenta a cem. E mais papagaio, macaco, tatu, porco, pato, passarinho de cada família. Hans Staden visitou ocas medindo 4,62 metros de largura por quase 50 metros de comprimento, com altura média de 4,40 metros.

Sem janelas, tinha uma abertura em cada extremidade. Em seu interior, nenhuma parede ou divisão aparente. A maloca estava repartida em nichos — os lanços ou ranchos —, um diante do outro, de quatro a sete metros cada, conforme o tamanho da família a que se destinava. Para erguer a maloca, o indígena líder precisava do trabalho de quarenta a cinquenta homens e mulheres. Repartia com eles o espaço obtido.

Em cada rancho ou lanço, cabiam a *ini*, ou rede para o casal principal, esteiras para os outros moradores, talha (*igaçaba*), para a água, cuias, panela (*nhaempepó*), fuso, gamelas, porongos, arcos, flechas, tacapes, aves, animais e, no centro, lugar de honra, a fogueira (*tatárendaba*) sempre acesa. No alto, perto do teto, o estrado de varas guardava o *tipiti*, espremedor de mandioca, a *urupema* (peneira grande), o *jacá*, o *puçá*, das pescarias, o *uru* (cesto com tampa). Do lado de fora, *induá* — o pilão.

Rústica, a oca ajeitava-se bem ao ambiente e atendia à sua finalidade. A penumbra interior refrescava e protegia contra o sol, as frestas ventilavam, a fumaça da fogueira afastava os insetos.

DELFIM MARTINS/PULSAR IMAGENS

↗ Indígena construindo oca, na aldeia Aiha. Etnia Kalapalo, em Querência, Mato Grosso.

↖ Erguida com varas, a maloca durava até cinco anos.

O padre Fernão Cardim, olhando para aquilo com olhos e moral de europeu e de religioso severo, reparou que "a casa parece um inferno ou labirinto, uns cantam, outros choram, outros fazem farinha ou vinho e por toda a casa ardem os fogões e tudo isso em tamanha paz que durante o ano não acontece uma só briga e mesmo nada sendo guardado não há roubos".

Esse modo de viver harmonioso se sustentava em normas conhecidas e observadas. Os contatos íntimos entre os casais eram realizados fora da oca, no mato ou na praia. As necessidades naturais igualmente, sendo que "logo as cobriam com terra e folhas", observou Cardim. As mães limpavam depressa o que os filhos pequenos sujassem. Saudavam-se dizendo *Enecôema!*, que significava "Bom dia". Respondiam *Yauê*, ou repetiam a saudação.

Centro da vida, a oca também atendia à morte. Os tupinambás eram enterrados no lugar onde dormiam. Esse pedaço de chão ganhava sacralidade, merecendo respeito e defesa contra maus espíritos ou homens inimigos do morto ou do grupo familiar. Pois a família era a preocupação dominante.

GLOSSÁRIO

IGAÇABA - **grande pote de barro**

MALOCA - **cabana, casa, oca**

OCA - **casa, maloca, cabana**

TATÁRENDABA - **fogueira doméstica**

URU - **cesto com tampa**

URUPEMA - **cesta grande, esteira**

A FAMÍLIA

O pai, a figura central. Somente os familiares do lado paterno eram considerados parentes de sangue. Irmãos, os filhos do mesmo pai.

Para manter os laços familiares, o irmão mais velho do morto assumia a viúva como sua esposa, mesmo que já tivesse uma ou várias. Na falta desse irmão, tal dever tocava ao parente mais próximo. No mesmo sentido, era desejável o casamento do tio com a sobrinha pelo lado materno.

A proteção à mulher impunha ao chefe da família encontrar marido para as parentas solteiras. Se na guerra morresse um indígena casado, o matador era obrigado a levar a viúva para a sua oca. Quando, por qualquer razão, o número de mulheres solteiras aumentava, o conselho tribal indicava os homens que deveriam receber mais esposas.

FABIO COLOMBINI

↗ Pai, mãe, filhos — o núcleo da família indígena, que também compreendia muitos parentes e até agregados.

EDSON SATO/PULSAR IMAGENS

↖ Na mesma oca, mais de cem pessoas convivem em harmonia.

As esposas, nessa condição, gozavam do direito de dormir em redes (e não em esteiras, pelo chão), junto da rede do marido. Participavam, em igualdade, dos trabalhos da família. Mas só a primeira esposa, a escolhida por amor, acompanhava o homem na caça e na guerra. E apenas os seus filhos podiam suceder ao pai no comando familiar.

⌐ Albert Eckhout. *Mulher Tupinambá*, 1641. Óleo sobre tela.

EDSON SATO/PULSAR IMAGENS

⌐ Mãe e filho, inseparáveis.

A fidelidade conjugal era altamente apreciada. O adultério causava horror. O marido ofendido repudiava a mulher, publicamente devolvida ao seu pai. O adultério masculino era tolerado logo depois do nascimento de um filho e enquanto este não caminhasse.

Mas os casais separavam-se, havendo acordo. Qualquer dos cônjuges tomava a iniciativa, podendo, ambos, voltar a se casar. Na formação de casais, o incesto estava proibido.

A família se constituía pelo casamento.

A cerimônia de casamento não podia ser mais simples: a moça era entregue ao noivo. E pronto. Em certas nações, seguia-se uma festa. Na maioria delas, porém, a comemoração ficava para o nascimento do primeiro filho. Porque, aí sim, a união homem-mulher se completava.

Quando passava de menina a mulher, a moça atava aos braços e à cintura um fio colorido de algodão. Valia por um anúncio: "Pronta para casar". De preferência, casava-se um ano depois de passar a ser mulher.

Para o homem era mais complicado. Só após os vinte e cinco anos poderia cogitar em matrimônio. Mesmo assim, apenas depois de ter ido à guerra, feito um prisioneiro, matado e devorado esse inimigo. Mulher alguma aceitava ser mãe de filho de homem que não houvesse atendido a esse costume. Elas acreditavam que a criança viria a ser *mebeque,* ou seja, mole, medrosa, tímida, covarde. Uma desonra para a mãe, a família e a tribo.

Cumprida a dura obrigação, o moço escolhia uma jovem. A maneira mais correta de anunciar sua intenção era oferecer os seus serviços ao pai da eleita.

Enquanto o provável sogro vigiava o trabalho do pretendente, o conselho tribal discutia as qualidades do jovem. Reprovado, abandonava a aldeia. Em algumas comunidades, passando pelo inquérito, submetia-se a provas físicas, algumas delas terríveis: carregar, ao redor da taba, sem descanso, um pesado tronco; sofrer, calado, uma surra de chicote aplicada por todos da aldeia.

Casado, ia residir na maloca do sogro, para quem continuaria a trabalhar. Para a noite de núpcias, o sogro armava uma rede, restrita ao novo casal, à entrada da oca. De madrugada, cortava os esteios da rede, dando um tombo nos recém-esposos. Não fazia isso por brincadeira, mas por acreditar que, com o susto, evitaria que os filhos do jovem pai nascessem com rabo.

Tão logo a mulher se declarasse *puruabare,* isto é, grávida, o marido se obrigava a certas precauções, em defesa da criança, pois tudo o que fizesse repercutiria no filho. Já não deveria caçar animal fêmea, comer frutos ácidos, algumas raízes e certos peixes.

Nascido o filho, a lei do sangue mandava o casal mudar-se para a maloca do pai do esposo. A paternidade fizera do moço um continuador da família.

EDSON SATO/PULSAR IMAGENS

Família yanomami na oca da aldeia do Gasolina, na região de Mararí, em Barcelos, Amazonas. Só depois de completar vinte e cinco anos, o indígena podia casar-se. Experiente, seria um bom pai.

O filho merecia cerimônia e festa. O pai ajudava no parto. Receber a criança em seus braços significava, diante da tribo, reconhecer a paternidade.

As amigas da mãe davam o primeiro banho no *peitan*, o bebê. Se menina, incumbia ao tio mais velho achatar-lhe o nariz e colocar em seu pescoço o presente de presságio. Um colar ou alguns dentes de capivara. Isso para que, quando moça, ela tivesse dentadura forte e bonita, valioso atrativo feminino. A mãe, na rede, recebia a filha e a colocava num cesto. Com o cesto junto ao peito, três dias depois, voltaria aos trabalhos.

Se menino, era o pai que, com o polegar direito, achatava o nariz do filho e o presenteava com unhas de onça e garras de gavião ou de águia. Augúrio para que o *guri* (uuri = bagre novo) se tornasse homem de coragem, respeitado. Num dos punhos da rede, tecida a propósito, o pai amarrava miniaturas de tacape, arco e flecha. No outro punho, ervas.

↗ Criança yanomami com tucano de estimação na aldeia de Ixima, polo-base Marauiá, em Santa Isabel do Rio Negro, Amazonas.

↗ Família yanomami na oca da aldeia do Gasolina, na região de Mararí, em Barcelos, Amazonas.

Ervas e armas infundiriam nesse novo membro da tribo noções de trabalho, honra e ódios tribais: herança coletiva.

Feito isso, o pai acomodava-se na rede para o ritual do choco (*couvade*). Permanecia deitado, coberto, em jejum, até que caísse o umbigo do recém-nascido. Durante esse período, recebia visitas e presentes. Homenagem à masculinidade geradora de vida, mas, também, proteção à mulher enfraquecida pelo parto: sobre ele é que investiriam os maus espíritos.

Os filhos cresciam junto dos pais, tratados carinhosamente. Cronistas coloniais mostraram admiração pela camaradagem reinante entre pai e filho, mãe e filha. Nenhum castigo. Nem mesmo repreensões. O ensinamento se fazia pelo exemplo e pela participação.

O respeito às tradições e aos laços de família era a mensagem mais persistente. A família, o primeiro interesse a que todos deviam servir. Eles se protegiam uns aos outros, em tudo, durante a vida toda. Os homens assumiam a proteção das irmãs, mesmo em relação aos maridos delas.

GLOSSÁRIO

PEITAN - **criança até dois anos**

Terminada a infância, meninos e meninas submetiam-se ao ritual da iniciação à juventude. Eles recebiam no lábio inferior o *tembetá*, ou *metara*, adorno de osso símbolo da virilidade. Desde os seis anos, o lábio estaria furado, como advertência ao curumim de que deveria preparar-se para o momento de tornar-se adulto.

As meninas enfrentavam rituais que variavam de uma nação para outra. Algumas suportavam por todo o corpo escoriações abertas com um objeto afiado, a fim de que brotasse sangue novo, indicador da nova idade. Outras permaneciam isoladas e em jejum, durante três dias, sentadas sobre pele de urutau, ouvindo parentas idosas louvar os méritos e os deveres da condição de mulher. O confinamento, o jejum e o silêncio ajudavam a reflexão e a manter afastado o terrível *maiuá*, ser misterioso que só com o olhar e o sopro metia no corpo e na mente dos jovenzinhos toda sorte de descontrole e, portanto, de infelicidade.

Então, o menino já era um homem; a menina, mulher.

↗ Adolescente yanomami recém-liberada de seu ritual de passagem para a idade fértil, em Barcelos, Amazonas.

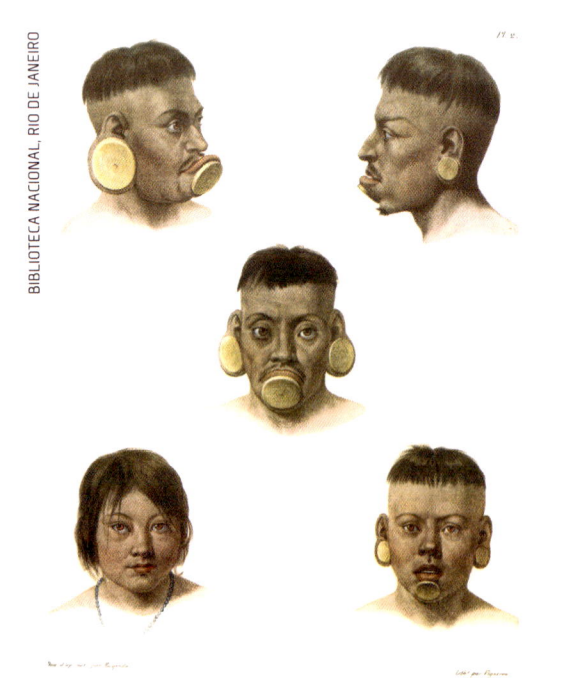

↗ Johann Moritz Rugendas. *Índios Botocudos*, 1835. In: *Viagem Pitoresca através do Brasil*. Litogravura. O tembetá, ou metara, revelava que o rapaz se tornara homem.

↗ Em outro ritual de passagem, a adolescente fica reclusa em sua oca durante um ano. Etnia Kuikuro, em Gaúcha do Norte, Mato Grosso.

Apesar do costume do choco, exaltação da suposta superioridade masculina, havia bem presente a noção da importância da mulher. Sem ela, não existiria família nem tribo. Ante calamidades ou guerras desastrosas, cuidavam de salvar as mulheres. Avós, pais, irmãos procuravam continuamente proteger as mulheres da família.

A mulher atendia o esposo, cuidava dos filhos, do espaço familiar na maloca, semeava e colhia, seguia o seu homem na caça e na guerra. Era cheia de ternura. Ainda quando tivesse de repartir a oca e o marido com outras esposas, mostrava-se dedicada e carinhosa.

Comerciantes franceses declararam-se invejosos dos indígenas empregados no trabalho de carregar toros de pau-brasil. Parando para descansar, eram festejados pelas suas mulheres, que lhes embalavam a rede, davam alimento na boca e afagos ao som de canções. Isso ajudou os europeus a entender o ciúme com que o indígena cercava a sua esposa.

Aquela que, na infância ou na juventude, revelasse habilidades especiais recebia estímulo para desenvolver dons como os da profecia, de entender-se com o sobrenatural. Tornada influente, gozava de privilégios.

Às idosas cabia a educação das jovens, a continuidade das tradições e dos costumes e o preparo das bebidas rituais para as grandes festas.

As jovens solteiras usavam os cabelos soltos. As casadas os cortavam à altura do lóbulo da orelha, poliam os dentes incisivos e, geralmente, arrancavam as pestanas e as sobrancelhas.

GLOSSÁRIO

TEMBETÁ - **ornato para o símbolo da virilidade**

SÉRGIO RANALLI/PULSAR IMAGENS

↖ Jovem utiliza técnicas indígenas para o preparo da farinha.

Os *thuyuae*, velhos, e as *uainuy*, velhas, mereciam muito respeito.

A velhice, a mais honrosa das idades, começava aos quarenta anos. Os anciãos eram servidos em primeiro lugar nas festas, tinham os seus pés lavados pelas jovens, que também livravam a sua comida de ossos e espinhos. O trabalho, para eles, passava a ser facultativo.

Ouvidos em silêncio e acatados, exerciam poder político na paz e de estrategistas na guerra. Às crianças, passavam a cultura da tribo, as lendas e crenças que explicavam a vida, a morte, os fenômenos naturais.

As *uainuy* ordenavam as atividades domésticas e ocupavam lugares distintos nas cerimônias. Detinham o segredo do preparo de bebidas inebriantes, preparavam ritualmente a carne do prisioneiro executado, choravam os mortos. Sua responsabilidade maior era a de transmitir às jovens o que haviam aprendido com suas mães e avós e com a experiência.

RENATO SOARES/PULSAR IMAGENS

A velhice merece o maior respeito, principalmente por significar o acúmulo de experiência. O velho é muito ouvido e obedecido nos conselhos de família e da tribo.

Não havia polícia, juiz, cadeia. Um viajante relatou que "se um deles é ferido, o ofensor recebe dos parentes do ofendido ofensa igual e no mesmo lugar do corpo".

O assassino merecia o repúdio geral. Deixava a taba ou passava a prestar, à família do morto, os trabalhos antes executados pela sua vítima.

Os conflitos entre famílias eram resolvidos pelos parentes idosos mais respeitados. Nos casos de interesse da tribo, a solução cabia ao *nheengaba*, o conselho tribal.

Categorias

Ao longo da vida, homens e mulheres incluíam-se em categorias.

Todos nasciam na categoria *peitan*. Com os primeiros passos, se diferençavam. Os meninos seriam *kunumi-miri* (*curumim*) até os sete anos. Brincavam com arco e flecha, aprendiam a conhecer e a imitar animais. As meninas, *kugnatim-miri*, não se apartando da mãe, começavam a trabalhar fios de algodão e barro para cerâmica.

Dos sete aos quinze anos, o jovem era *kunumy*, a moça, *kugnatim*. Ele seguia o pai por toda parte; ela, ao lado da mãe, ganhava habilidade em serviços femininos e já podia casar.

Até os vinte e cinco anos, o homem, então *kunumy-açu*, enfrentava a fase mais trabalhosa da vida. Fazia de tudo e muito. Ainda não podia se casar. A jovem solteira, *kugnam-açu*, ou seja, moça completa, permanecia junto da mãe. Se casada, e por isso transformada em *kugnam*, isto é, mulher por inteiro, ocupava na oca o espaço da esposa e da mãe.

Aos quarenta anos, e não muitos chegavam a essa idade, começava a velhice. Morrer velho, chefiando e combatendo, era o ideal maior.

FABIO COLOMBINI

↗ Fiando e tecendo, a mulher indígena desenvolveu a técnica têxtil.

MARIO FRIEDLANDER/PULSAR IMAGENS

↗ O primeiro presente do pai: um pequeno arco e lições de como utilizá-lo.

GLOSSÁRIO

CURUMIM – menino
KUNUMI-MIRI – menino
KUGNATIM-MIRI – menina
KUNUMY – moço, jovem
KUGNATIM – moça
NHEENGABA – conselho tribal

A liderança da tribo cabia ao *morubixaba* ou *tuxaua* ou cacique, nomes que significam o principal. Sem eleições, posse, juramento. O grupo, simplesmente, aceitava a orientação do mais capacitado.

A posição de chefe estava sempre em aberto. Nenhuma lei, força organizada como a de um exército ou judiciário ou legislativo garantiam a situação do líder. Seu prestígio devia ser confirmado diariamente.

Mais sólido e permanente era o poder mágico-místico do *pajé*. Ligava o homem ao sobrenatural, enxergava o futuro, prevenia males, curava. Alguém tornava-se pajé depois de longo e duro aprendizado e treinamento.

Terceira autoridade, a do *nheengaba*, o conselho dos anciãos. Seus membros, sempre com mais de quarenta anos, não eram eleitos, impunham-se pelas próprias qualidades. Aconselhavam na mudança de taba, nos casos de guerra, na execução de prisioneiros, impedindo ou aprovando casamentos.

E havia a autoridade do chefe de família.
Nela, era soberano.

MARIO FRIEDLANDER/PULSAR IMAGENS

Cacique Narciso Kazoizax e crianças da aldeia Quatro Cachoeiras. Etnia Paresi, no Campo Novo do Parecis, Mato Grosso. O pajé guia a tribo na relação desta com o sobrenatural. Já o cacique conduz a tribo nas grandes caçadas, nas pescarias e na guerra.

GLOSSÁRIO

MORUBIXABA - **chefe, principal, cacique**
PAJÉ - **feiticeiro, xamã**

Havia tarefas conforme o sexo, a idade, a época e o local.

Defender a taba, pescar, caçar, derrubar árvores, queimar as leiras, levantar a oca, construir armas, escavar troncos para fazer canoas e recolher lenha para o fogo eram alguns dos encargos masculinos. Colher a roça, transportar a colheita, ralar a mandioca, debulhar o milho, tecer, cozinhar, modelar cerâmica, zelar pela limpeza da oca e preparar bebidas estavam entre as ocupações femininas. Em certas ocasiões, trabalhavam juntos. Na construção da maloca, por exemplo, ou nas grandes pescarias; ele apanhando o peixe; ela assando e fazendo a farinha do pescado.

Não havia especialistas nisto ou naquilo. Todos sabiam fazer tudo o que tocava ao seu sexo e à sua idade. Por isso, não compravam nem vendiam. O trabalho se destinava a manter a vida no dia a dia, não a criar riqueza, acumular reservas ou animar o comércio.

↗ A indígena kalapalo fazendo artesanato com conchas de caramujo na aldeia Aiha, em Querência, Mato Grosso.

↗ Pequena pescaria do ritual kuarup dos indígenas waujás, na Lagoa Piulaga, em Mato Grosso.

"Não há bens entre eles", observou Hans Staden. Isso deixou pasmos os colonizadores, que vinham movidos pela ambição de conquistar e enriquecer. Certo chefe tupinambá explicou a um francês por que não se preocupavam com o futuro: "A terra, que nos forneceu o necessário para a vida, alimentará também os nossos filhos".

A terra em que a família plantava não lhe pertencia, mas à tribo.

A propriedade pessoal se limitava aos instrumentos de trabalho. Estes incorporavam o espírito de quem os havia feito e usado. Daí que acompanhassem o homem para além da morte.

FABIO COLOMBINI

↗ Machado: instrumento indispensável. Acompanhava o morto na sua viagem ao além.

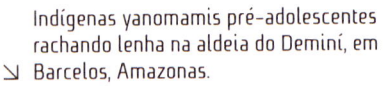

Indígenas yanomamis pré-adolescentes rachando lenha na aldeia do Deminí, em
↘ Barcelos, Amazonas.

EDSON SATO/PULSAR IMAGENS

Não é possível saber com exatidão no que acreditavam. Não há notícia de culto regular, objetos sacros, rituais religiosos.

Para os tupinambás, o mundo seria criação de *Maíra* ou *Maire*, *Maire-monam*, *Maire-atá*, entidade informe, misteriosa, poderosa. Envolvia a terra, gerando e destruindo todas as coisas. Fazia-se ver na luz mortal do raio — *tupãbaraba* — e ouvir no estrondo do trovão — *tupãnanunga*. Com o tempo ficou sendo *Tupana* para os tupis, *Tupã* para os guaranis. Foram os jesuítas que explicaram aos indígenas que Tupã era Deus.

A literatura romântica, mais do que estudos científicos, elaborou um panteão de deuses maiores e menores, sendo invisível Tupã, e visíveis *Coaraci*, o Sol, e *Jaci*, a Lua. Coaraci vem de *coá* = este; *ara* = dia; *ci* = mãe, ou seja, mãe deste dia. E que tudo, da pedra à estrela, tinha alma, portanto, mãe. O Sol, a mãe do dia, do Universo, dedicava-se particularmente ao mundo animal, ajudado por deuses menores ou subdeuses: *Anhangá*, protetor da caça de campo; *Caapora*, da caça do mato; *Uirapuru*, das aves; *Mauiara*, dos peixes.

Jaci, de *Ia-ci*, irmã e esposa do Sol, cuidaria da vida vegetal, auxiliada por subdeuses descritos por Couto de Magalhães. Entre eles, *Rudá*, do amor e da reprodução, *Curupira*, guardião da mata.

↗ Traje usado na dança caiapó, em Joanópolis, São Paulo.

Além dessas crenças, pairava sobre todos a nostalgia de um altíssimo espírito, enviado por Maíra-Tupana. Denominado Sumé, ensinara o que era útil ao homem e trouxera do céu as ramas da mandioca. Repelido, regressara ao mistério das águas, das quais saíra anunciando futuro retorno.

Na memória coletiva persistia a lembrança do paraíso perdido. De longe em longe, aos milhares, os indígenas se deslocavam por centenas de quilômetros, no rumo dos Andes, sua pátria ancestral, ou na direção do oceano, linha onde o mundo se acaba. Procuravam pela Terra Sem Males (*yvy-marã-ey*), onde não haveria fome, doença, morte. Em 1549, cerca de 15 mil tupis partiram do litoral rumo ao Peru. Somente trezentos chegaram a Chachapoyas, nos Andes, onde foram presos, em vez de penetrar o paraíso das boas caçadas e aguadas.

Esse e outros mitos tinham muito a ver com a vida, a saúde, a abundância de alimentos e a morte.

↗ Indígenas kalapalos, da aldeia Aiha, fazendo a dança do tamanduá, em Querência, Mato Grosso.

OHI (ILUSTRAÇÕES ORIGINAIS NO LIVRO PACA, TATU, CUTIA: EDITORA MELHORAMENTOS, 2014)

↗ Mitos indígenas: **A** Boitatá, **B** Curupira, **C** Jurupari, **D** Iara (senhora ou senhora das águas. Ser mitológico na forma de uma linda mulher de cabelos verdes que mora no fundo de rios e lagoas. Ela é tão linda que enfeitiça os homens; todos os que a veem ficam apaixonados, pulam na água e nunca mais aparecem).

Anhangá, remotamente conhecido como espírito do mal, causador de desgraça para quem o visse ou simplesmente ouvisse. Assoprava pesadelos, sufocava os homens adormecidos. Foi transformado pelos românticos em protetor da caça.

Boitatá (*mboi* = cobra + *tata* = fogo) significa todo fogo. Anchieta descreveu-o atacando homens, os quais matava com um abraço. Couto de Magalhães o fez protetor do campo contra a ação de incendiários.

Caapora (*caa* = mato + *pora* = habitante) significa morador do mato. Vivendo no interior de velhos troncos ocos, protegia as árvores e a caça da mata. Foi descrito sob os mais variados aspectos: menino e velho; gigante e anão; inimigo do fumo e fumante inveterado. Houve também Caapora fêmea, a flor do mato, bonita, ciumenta.

Curupira (*curu* ou *curumim* = menino + *pira* = corpo), ou seja, de corpo de menino. Era o mais popular ente fantástico. Anchieta o conheceu assombrador, destruidor, exigindo tributos para não enlouquecer o homem encontrado na floresta. Seria, então, atarracado, calvo, com apenas um olho, orelhas enormes, dentes verdes ou azuis. Foi ganhando características simpáticas e tornou-se protetor da caça, especialmente das fêmeas com filhotes. Seria já um anão, alegre, de cabeleira vermelha e calcanhares voltados para a frente. Mas estes são acréscimos e enfeites próprios da aculturação.

Ipupiara, o que mora na água. Era um perigo para pescadores, mariscadores e mulheres que trabalhavam junto da água. Arrastava suas vítimas para o fundo, devorando olhos, narizes, ponta dos dedos e genitália.

Jurupari, para uns, diabo torturador dos homens pelo prazer de atormentar. Para a maioria, o legislador, filho de virgem, enviado pelo Sol com a missão de reformar os costumes decaídos. Devolveu aos homens o poder usurpado pelas mulheres, o que era contrário às leis solares. Impôs um código de vida, estabeleceu rituais e festas de iniciação proibidos às mulheres. Os jovens somente tinham acesso aos ritos depois de mostrar coragem, destreza e resistência à dor física.

Os espíritos maus assoprariam doenças para dentro do corpo humano. Portanto, para conservar a saúde era preciso manter afastados aqueles malfeitores. Tarefa do pajé.

Mas, quando a doença se instalava, o paciente era tratado com ervas, óleos, fumaça, amuletos, cantos, música, dança, exorcismo e até pancadaria. Fazendo aspirar fumo de ervas e de cipós, o pajé anestesiava o paciente, dando a impressão de alívio e de cura. Narcóticos podiam ser introduzidos nas narinas do paciente. Daí o conhecimento das plantas ter sido essencial para a atividade dos pajés.

Eles sabiam empregar a sangria, mediante o uso de dentes de cutias e quatis, bicos de aves e, no litoral, ferrões de arraia. Para acudir a certos males, aqueciam em braseiros a parte afetada do corpo.

Partes de animais também eram recomendadas para curas. A cauda do gambá para acelerar partos e aliviar crises renais; amuletos feitos com unhas de anta e do bicho-preguiça evitariam problemas de respiração e do coração.

Em certas situações, o doente era obrigado a dançar tanto quanto suas forças o permitissem. Se o mal persistisse, parentes e amigos do padecente o espancavam. Sofrendo ele, sofreria também o diabo, que, então, procuraria outro corpo onde se instalar.

Ante a suspeita de doença próxima, banhavam-se com ervas e pintavam o corpo com tintas e desenhos capazes de afastar os espíritos.

E não havia mais o que fazer contra a doença e a morte.

EDSON GRANDISOLI/PULSAR IMAGENS

↗ Pajé tukano, da etnia do Rio Uaupés, em Manaus, Amazonas. O canto, a música e a dança eram recursos do pajé (feiticeiro e médico) na luta contra a doença e a morte.

RENATO SOARES/PULSAR IMAGENS

↗ Pajé usando fumo para cura e proteção dos indígenas kalapalos na aldeia Aiha, no Parque Indígena do Xingu, em Querência, Mato Grosso.

Morrer era ser transferido para o mundo onde viviam os ancestrais. Isso requeria providências e cerimônias. Só o marido, por exemplo, podia sepultar a mulher. Na falta dele, o cunhado ou um irmão da falecida.

Parece que os tapuias, durante algum tempo, praticaram o "enterramento no estômago". Com essa prática, devoravam em rituais o parente, se este tivesse se distinguido por bravura e outras virtudes. Assim, tais qualidades permaneceriam com a sua gente.

Os tupis lavavam o corpo, cobriam-no com penas e mel ou com flocos de algodão. Na ocara, o morto era homenageado com discursos evocativos dos seus feitos na guerra e na caça. Na posição de cócoras, era posto num pote de barro — igaçaba — e sepultado pela primeira vez. Se não tivesse indicado, em vida, o local do enterro na *tibicoera* — o cemitério da aldeia —, ia para debaixo da sua rede, na oca.

Findo o luto de um mês lunar, com as parentas pintadas de preto e cabelos cortados e com os homens de cabelos crescidos, festejavam a memória do ausente com a cerimônia do "tirar o dó". Isso incluía comida, bebida, cantos, danças e narrativas envolvendo o falecido.

Acontecia, então, o segundo sepultamento. Os ossos, limpos, eram mudados de lugar, a fim de enganar espíritos maus e inimigos humanos. Estes, se rancorosos, poderiam tentar quebrar o crânio do morto. Sem o crânio em perfeitas condições, ele não entraria no reino dos bravos. Permaneceria fantasma no escuro da eternidade. No sepultamento definitivo, o homem ganhava a companhia de seu arco, sua flecha, seu tacape, sua rede, sua faca e seu machado. Necessitaria deles nas andanças e caçadas pelos campos do paraíso.

Cuidavam bem das sepulturas. Mudando-se, cobriam-nas com lascas de pindoba, protegendo-as contra a ação do tempo, dos espíritos, dos animais.

PALÊ ZUPPANI/PULSAR IMAGENS

Urna funerária com esqueleto humano, datação de oitocentos e quarenta anos, provavelmente de uma criança, localizada em São Raimundo Nonato, Piauí. Igaçabas devidamente decoradas recebiam os mortos e seus pertences de caça e guerra.

MUSEU FORTE DO CASTELO/FABIO COLOMBINI

↗ Urna funerária — cerâmica marajoara (ano 700 a 1100). Na cultura marajoara, o esplendor da arte a serviço da morte.

Os vivos e os mortos

A morte separava o corpo do espírito. Ao conjunto chamavam Ã. Isolada, a alma passava a ser *anguere*. Livre do corpo, nem sempre ia embora para o país dos espíritos. Ficava rondando a maloca. Isso criava problemas. O pajé tentava convencer a *anguere* a se afastar. Se ela teimasse em permanecer, queimavam a oca habitada pelo morto. Se a alma fosse a de um pajé habilidoso ou de um morubixaba poderoso, a solução estava em deixar a taba. Abandonada, ela tornava-se tapera — *ta-ua-pera* —, o que foi taba.

Os familiares do falecido, perseguidos pela *anguere*, protegiam cabelos, olhos, ouvidos, boca, considerados as portas de entrada para o corpo. Usavam, para tanto, amuletos, botoques, pedras, ossos e dentes de animais ferozes. Pintar o corpo ajudava a manter distante o fantasma teimoso.

Na tapera habitariam também, se antes não fossem chamados ao cortejo do Anhangá, os espíritos dos homens fracos, medrosos, dos que haviam dado maus exemplos aos jovens guerreiros.

BIBLIOTECA MUNICIPAL MÁRIO DE ANDRADE, SÃO PAULO

↗ Jean de Léry. *Funerais e Sepultura e o Modo de Chorar os Seus Defuntos*. Xilogravura. Ilustração de "Histoire d'une voyage...". Heritiers D'Eustache Vignon, 1600. Genebra. p. 386.
Prantear a morte do semelhante mobilizava os povos indígenas.

GLOSSÁRIO

ANGUERE - **a alma, o espírito, quando separado do corpo**

Ao contrário, as almas dos valentes, dos exemplares, "viveriam" para sempre em campos fartos de caça e de boas águas.

Os guaicurus viam no pulsar das estrelas sinais dessas correrias felizes na "Terra sem males". Para outras nações, no piar de certos pássaros noturnos haveria recados de saudades, enquanto os ouvidos das mães seriam capazes de perceber, entre os ruídos da noite, o choro de criancinhas mortas havia pouco.

Matar inimigos e morrer combatendo, o ideal de vida para os indígenas.

Até a chegada dos europeus, não guerreavam por território ou comida. Lutavam para vingar ofensas presentes ou passadas, punir raptos de mulheres, conseguir prisioneiros e obter troféus.

A proposta para a guerra precisava da aprovação do conselho dos velhos e da resposta à consulta que o pajé fazia aos espíritos. Aprovada a sugestão, nomeavam o chefe de guerra, o combatente mais feroz, hábil e experiente. E preparavam as armas: arco, flechas envenenadas, flechas incendiárias, tacape, punhais de osso, pedra e madeira. Algumas vezes, escudos de couro de anta. Levavam também instrumentos musicais para a batalha: membi, a flauta feita com osso da canela de um herói, apitos, tambores.

A estratégia era muito simples: assalto de surpresa e violento de tal forma que o conflito acabasse no mesmo dia. E com uma vitória tão completa que não restasse inimigo para, no futuro, organizar vingança.

Avançavam silenciosos, em fila de um, cada homem seguido por sua mulher carregada com suprimentos de flechas, a rede, alimentos, ervas e pós curativos.

Staden alude à queima de pimentas, provocando tal fumaceira que obrigava o inimigo a abandonar posições.

No último instante, o guerreiro cuidava da sua aparência. Pintava o corpo de vermelho e preto, cobria-se com penas de águia ou de gavião, ocultava o rosto com uma máscara de penas de tucano. O inimigo deveria tremer ao ver-se atacado. Pelo corpo, uma teia de penas de nhandu, invocando agilidade para os movimentos no combate.

Os vencedores incendiavam a taba vencida e levavam o maior número de prisioneiros. Quanto mais inimigos fossem devorados na cerimônia comemorativa, maior a glória de cada homem e a honra da tribo.

A viúva e os filhos dos heróis mortos na batalha passavam a usar o honroso *pariuate-rã*, cinto de algodão ornado com dentes dos inimigos.

ROGÉRIO REIS/PULSAR IMAGENS

↖ Indígenas yawalapitis lutando o huka-huka durante o Kuarup em homenagem ao antropólogo Darcy Ribeiro, em Gaúcha do Norte, Mato Grosso. No combate, o indígena cobre-se com o que possui de mais valioso. É seu grande momento ante os olhos da tribo.

ROGÉRIO REIS/PULSAR IMAGENS

Peixes sendo assados no *moquém*.

A aparência do tupinambá causou boa impressão nos descobridores. Foi atribuída à alimentação.

O brasilíndio buscava sua comida na horta, na caça, na pesca, na coleta de produtos naturais como raízes, frutos, cipós, sementes, fungos e seivas.

Na roça, plantava mandioca, milho, feijão, batata-doce, batatinha, abóbora, cará, amendoim, maxixe e pimenta. A natureza lhe dava cocos, palmitos, cipós farináceos, amêndoas, nozes, arroz aquático ou milho d'água, raízes e mais de uma centena de frutas tropicais. O cientista Humboldt considerou o indígena um privilegiado por dispor de pacova, ou banana, capaz de alimentar, continuamente, a tribo inteira.

A fauna, igualmente generosa, oferecia ao caçador antas, veados, porcos selvagens, onças, cutias, pacas, quatis, macacos, tamanduás, tatus, capivaras, tapitis (coelhos-do-mato), aves grandes e pequenas, cães selvagens, ariranhas, guarás, lagartos, serpentes. Mas ele não desdenhava de levar para a oca gafanhotos, besouros, aranhas, larvas, tanajuras ou içás. E quanto mel houvesse! Apreciavam o mel. Criavam abelhas jataí em porungas. Das águas retiravam peixes, rãs, enguias, tartarugas, cágados, cobras, jacarés, sapos e caramujos.

O preparo

Muitos alimentos eram consumidos crus. Outros, cozidos em potes de barro ou assados no *moquém*, grelha alta, sobre um braseiro. Os jês serviam-se do *beraburu*, forno subterrâneo. Depois de assada, a carne era socada até se tornar farinhenta. Assim, podia ser guardada e transportada.

Foram especialmente hábeis no fabrico e no uso de farinha, que obtinham da carne, do peixe, do milho, da mandioca, sendo que desta produziam cinco tipos. E mais: o bolo *mbe'yu*, ou beiju, a tapioca extraída do sumo da mandioca, o mingau para o doente, o velho e a criança.

Do milho cru ou cozido retiravam o *acau-jic* ou canjica, a *pamuna* ou pamonha, o *curau*, a *pipoka* ou pipoca, ou seja, milho arrebentado, e uma bebida embriagante, o *abati-y*.

A pacova, ou banana, era consumida crua, cozida, assada e em forma de farinha, sendo a casca também comestível; a "água" do seu caule dessedentava e, acreditavam, curava picadas de insetos. Até de cobras.

Os indígenas respeitavam alguns tabus. Em condições normais, os homens não comiam carne de animais vagarosos: pato, quati, arraia.

Suas comidas, bebidas e a maneira de prepará-las foram de grande importância na história nacional. Fáceis de encontrar, preparar, conservar e transportar, tornaram possível o avanço sobre o sertão, com o dilatamento do território brasileiro. Delas se valeram os bandeirantes, os integrantes das monções, os entradistas, os mineradores, os tropeiros e os boiadeiros.

Os temperos

Apreciavam temperar a comida. Pimentas e frutos ácidos resultavam num molho para a carne. Algumas tribos preparavam o *turene*, molho de pimenta e sal. A isso os tapuias juntavam sumo de mandioca. Hans Staden revelou que a pimenta vermelha, amassada com sal, resultava no *iongue*, o condimento principal. O tempero era posto na boca, onde esperava o alimento.

O cientista Martius aludiu a um tipo de vinagre, *cauiçái*. Das cinzas de uma palmeira retiravam algo parecido com o sal. No litoral, abriam valos nos quais a água do mar, evaporando, deixava o sal. Plantas cultivadas na horta passavam à comida aromas e sabores agradáveis.

As bebidas

Alguns indígenas bebiam fartamente durante as refeições. Outros comiam a seco. Na Amazônia, havia o guaraná; na área pantaneira, a *caá*, ou erva-mate. Por toda parte era consumido o sumo do tronco do jatobazeiro e o *paiaum*, beiju de milho torrado, dissolvido em água.

Europeus presentes às festas indígenas relacionaram trinta e dois tipos de vinho. O *ká-u-i*, ou *cauim*, de milho ou mandioca,

↗ Frutos do guaraná (*uaraná*).

o mais apreciado. Requinte dessa indústria foi a *catimpuera*, mistura de sumo de mandioca e mel. Para os apreciadores de vinho doce, o *nanauí*, à base de suco de ananás. Dispunham até de cerveja, que, segundo Hans Staden, além de gostosa, era excelente alimento. As bebidas embriagantes revelavam que os indígenas dominavam as técnicas de fermentação.

ROSA GAUDITANO/STUDIO R

↗ Preparando o beiju para uma das refeições.

A refeição

Nada de horários. Alimentavam-se várias vezes ao dia, ao ter apetite.

O pai servia os familiares na cuia que cada um lhe apresentava. Ou serviam-se todos, usando os próprios dedos, retirando comida de uma grande cuia ou panela comum. Comiam em silêncio, acocorados ao redor do chefe. Mastigavam bastante e com vagar. Usualmente, tomavam água ou suco de frutas, legumes e raízes.

RENATO SOARES/PULSAR IMAGENS

↗ Mingau de pequi.

GLOSSÁRIO

CAUIM - **vinho. Por extensão, bebida embriagante**

Era penoso o trabalho na roça, realizado somente com a força do braço. Única ajuda, a do machado de pedra e da estaca de cavar.

Começavam pela *copichaba*, a derrubada. Depois, a queima das árvores abatidas, até estarem reduzidas a cinzas. No meio da cinza esfriada, plantavam sementes, mudas, ramas.

O homem derrubava e queimava; a mulher plantava, tratava, colhia e transportava. No período de seca, preparavam a terra. Na meia-estação, faziam o plantio. No resto do tempo, esperavam por boas chuvas.

A *mani'oca*, ou mandioca, predominava. Da mandioca amarga sabiam retirar o veneno ácido cianídrico. Ao lado das plantas alimentícias, as medicinais; ipecacuanha (poaia), japecanga (salsaparrilha), copaíba, jurubeba; as industriais: algodão, cabaça, tucum, caraguatá, guanxuma, urucum; as estimulantes: fumo, pimenta, timbó, ipadu, cipós entontecedores de peixes; as tintoriais: jenipapo, pau-brasil, urucum.

Alternavam canteiros de plantas de espécie, altura e volume diversos, evitando com isso a ocorrência de pragas e de doenças, prática que, modernamente, é recomendada pelos técnicos.

Cultivavam no mesmo lugar durante quatro a cinco anos. Ao fim desse tempo, não tendo recebido adubação, o solo pouco ou nada devolvia. Chegara a época de mudar a taba.

Família indígena kalapalo colhendo mandioca na aldeia Aiha, no Parque Indígena do Xingu, em Querência, Mato Grosso.

Indígena utilizando
o arco e flecha.

Caá-mondó, a caça, era a atividade preferencial do indígena. Caçava todos os dias, acompanhado pela esposa, que carregava a comida e as flechas. O arco, yaporá, feito de pau vermelho ou de lascas de palmeira. As flechas, uyba, de taquara ou de caniço, com ou sem farpa, compridas ou não, eram utilizadas de acordo com a caça encontrada. A mulher, observando o alvo, escolhia e passava ao arqueiro a seta adequada.

Houve tribos hábeis no manejo do propulsor, que lançava dardos. Pelo noroeste da Amazônia, era corrente o uso da zarabatana, canudo comprido para o arremesso, com o sopro, de dardos envenenados.

Em local rico em animais, queimavam trecho de campo ou mato, ao que chamavam camondó-caí, cercado pelos caçadores. Os animais, alarmados, tentando fugir, saíam na frente de homens armados com arco e tacape.

Também adotavam o laço juçana, para aves pequenas; a ara'-puka, ou arapuca; o visgo aprisionador de passarinhos; o mu'ndé, ou mundéu, destinado a prender grandes animais. Não foi incomum o emprego de cães amestrados.

Não parece que os indígenas tiravam prazer das caçadas. Nelas, procuravam alimento. Abatiam animais necessários para breve consumo. Entenderam ser do seu interesse proteger os bichos. Criaram proibições, como, por exemplo, a de matar fêmeas prenhes ou com filhotes. E inventaram o curupira, entidade protetora da floresta e da fauna.

↗ Jean-Baptiste Debret. Armas Ofensivas. In: Viagem Pitoresca e Histórica ao Brasil (1834–1839).

↗ Indígena yanomami com arco e flecha na aldeia do Gasolina, na região de Marari, em Barcelos, Amazonas.

Ir ao mar provocar tubarões — *ipiriu* — e vencê-los com o pau aguçado que lhe metiam na goela era o que faziam os goitacás. Exemplo da perícia e da coragem com que se dedicavam à pesca. No oceano e nos rios.

Ótimos remadores e nadadores, os indígenas empurravam cardumes para cercados ou currais. Anchieta testemunhou pescarias de 12 mil peixes grandes, que os homens levavam, em jacás, às mulheres. Estas, em fogões e moquéns, assavam e trabalhavam o pescado. Reduzido à farinha, serviria de alimento durante meses. Razão para que a temporada anual de pesca fosse encerrada com festas animadíssimas.

No mar, os barcos pesqueiros eram a *itapaba*, ou *iagapeba*, ou *candandu*, a que chamamos jangada, e a *igara*, "aquela coisa que não afunda".

↗ Perícia: barco e flechas especiais para a pesca em águas rasas e espraiadas.

Indígena pescando com arco e flecha durante a produção de sal na Lagoa dos kuikuros, em Gaúcha do Norte, Mato ↘ Grosso. Paciência na espera, requisito para a boa pesca.

A cestaria robusta guarda o peixe vivo no fundo das águas. Reserva ou "curral" de peixes.

Nos rios tripulavam a *ubá,* canoa de casca de árvore, pequena e leve, fácil de manejar, veloz. Usavam a rede, *puça,* o curral, *pari,* e o cesto *jeki,* ou *ururu.* Atacavam o peixe com flechas e um tipo de arpão. No cercado e em águas mansas deitavam o sumo do *timbó* ou *tingui,* capaz de entontecer o peixe sem o envenenar. Acredita-se que antes de 1500 sabiam retorcer um osso ou espinho endurecido para usá-lo como anzol. O anzol português foi das primeiras coisas que adotaram do europeu.

A prática da pesca levou o aborígine a reconhecer e a usar correntes de vento e marítimas, a desenvolver uma rústica vela triangular para a jangada e a beneficiar-se da influência da Lua sobre as marés.

Os indígenas comiam carne humana. Essa verdade continua embaraçosa para muitos. Tal prática foi constante na América anterior a Colombo. Astecas, maias, incas, entre outros povos pré-colombianos, mataram e devoraram prisioneiros.

Por quê? Os motivos prováveis incluiriam ostentação de poder, oferta humana aos deuses, alimento religioso (conservar virtudes de um morto famoso). Não terá sido por falta de comida que os nativos do Brasil praticaram a antropofagia. "As festas de sacrifício não eram sacrílegos banquetes", afirmou Rocha Pombo, "mas cerimônias de culto (...) desagravo e honra à tribo." Para os jês, espécie de reverência aos antepassados. Entre os tupi-guaranis, cumprimento de vingança reclamada desde um remoto passado. Os tapuias viam nesse hábito o máximo de heroísmo tanto para o matador quanto para o sacrificado.

O ideal do guerreiro: matar com destreza e, se lhe tocasse a má sorte, morrer com dignidade. Sem medo e sem fugir ao golpe. Deixado livre na taba do aprisionador, o condenado não fugia. Escapar seria desonroso para ele e para a sua tribo. Quanto mais próximo do golpe fatal, mais orgulhoso se mostrava do que fizera e de como enfrentaria a morte. Querendo, recebia uma jovem por esposa. Até o momento final seriam marido e mulher. Ela o consolava, fortalecia, acompanhava-o ao poste e ia fechar-se na oca, cercada pelas amigas, após a morte do esposo. Ela podia comer da carne desse marido e, frequentemente, o fazia.

Nas páginas do livro *Viagem ao Brasil*, escrito por Hans Staden, a visão de um europeu da prática da antropofagia entre os indígenas brasileiros.

↗ Hans Staden. O corpo é despedaçado. Ilustração das memórias de Hans Staden, *História verídica e descrição de uma terra de selvagens...* Xilogravura, 1557.

↗ Hans Staden. A cabeça é preparada para ser comida. Ilustração das memórias de Hans Staden, *História verídica e descrição de uma terra de selvagens...* Xilogravura, 1557.

↗ Hans Staden. Mulheres e crianças comem mingau de vísceras. Ilustração das memórias de Hans Staden, *História verídica e descrição de uma terra de selvagens...* Xilogravura, 1557.

O conselho tribal, o cacique e o aprisionador marcavam a data da execução e a comunicavam à vítima. Com tempo suficiente para o preparo de comidas e bebidas em grande quantidade, pois os convites trariam à taba parentes, amigos e aliados. O prisioneiro, amarrado a um poste ou preso por uma corda à cintura, cantava sua mensagem de glória e de morte. E ouvia o executante cantar, por sua vez. Honra para este se conseguisse o seu objetivo logo no primeiro golpe da *ibirapema*, o tacape próprio para a execução, pois o condenado podia esquivar-se uma ou duas vezes.

As mulheres repartiam a carne do morto e distribuíam bebidas. Começavam danças e longos discursos de louvor aos heróis e às vitórias da tribo. Em comer, beber, dançar, discursar, fazer música, demoravam-se em regra três dias. Ou enquanto houvesse bebidas. Entre as nações mais fortes e orgulhosas, o matador não comia carne da sua vítima. Retirava-se, ocultava-se por algum tempo, e ao reaparecer identificava-se com um novo nome. Mais glorioso a cada prisioneiro morto.

Albert Eckhout. Índia tapuia. Óleo sobre tela, 1641. O quadro de Eckhout representa uma indígena praticando antropofagia.
↙

GLOSSÁRIO

IBIRAPEMA – **tacape para a execução de prisioneiro**

Os indígenas cuidavam da aparência e faziam do corpo, e do que punham sobre ele, mostruário de situações e de intenções. Valorizavam a expressão corporal.

Enfeitavam-se com pinturas, tatuagens, pingentes, cintos, colares e pulseiras. Nas grandes ocasiões e no dia a dia. Praticavam massagens com óleos perfumados, raspavam pelos, cílios e sobrancelhas. Para fazer visitas de cerimônia, adornavam-se com um diadema de penas e cobriam os ombros e as costas com couros de animais, pintados e enfeitados. Mostravam com tudo isso dominar um processo artístico em evolução, mas interrompido pelo descobrimento e pela conquista.

Os bons oradores gozavam de situação especial. A comunidade apreciava ouvir, durante longo tempo, quem tivesse o que dizer e soubesse fazê-lo. Dos hóspedes e viajantes, reclamavam relatos em tom discursivo.

Grande, igualmente, o prestígio do músico. O candidato a pajé obrigava-se a exibições de perícia com a flauta ritual. Os músicos podiam, sem risco, atravessar territórios de tribos hostis. Interpelados, bastaria exibir habilidade na flauta. Todas as nações fabricaram chocalhos, tambores e flautas. Algumas, também a *jupurutu*, clarineta de taquara.

Na cestaria, a mulher reuniu a habilidade à criatividade, alcançando o bonito e o útil no mesmo objeto.

Rodeado por uma infinidade de aves, o silvícola desenvolveu a arte plumária, para a qual os tupis se mostraram especialmente inspirados. As plumas, trabalhadas em mantos, máscaras, cocares, passaram aos seus portadores elegância e majestade.

A cerâmica, praticada por todas as nações, destacou-se especialmente pela utilidade, só em alguns casos buscando a arte na forma, nas cores, nos ornatos. O seu ponto alto ocorreu na Ilha de Marajó — cultura ou tradição *marajoara* — entre os anos 400 e 1350. Ali trabalharam artistas especializados, capazes de reunir o belo e o prático em utensílios, objetos e estatuetas.

No mesmo vale amazônico, os artistas ceramistas da tradição Santarém deixaram peças vistosas, enfeitadas, caprichosamente acabadas. Mas há quem não inclua essas culturas no rol das nações indígenas conforme eram estas no Brasil no tempo do seu descobrimento.

Com cascas de árvores confeccionaram peças de vestuário e máscaras para a guerra e para cerimônias rituais. Mas foi na pintura do corpo que se revelaram especialmente imaginosos e bons comunicadores.

EDSON SATO/PULSAR IMAGENS

↗ Panela de cerâmica da tribo macuxí no Museu da Cultura de Roraima. Todas as nações produziram cerâmica. A decoração, variando entre os povos, revela a expressão artística de cada uma delas.

RENATO SOARES/PULSAR IMAGENS

↗ Arte plumária kayapó. Acervo Memorial da América Latina. Na cerâmica e no preparo das penas, expressões da arte indígena.

RENATO SOARES/PULSAR IMAGENS

↗ Arte plumária yawalapiti. Acervo Memorial da América Latina.

A PINTURA DO CORPO: UMA LINGUAGEM

Pintavam o corpo para enfeitá-lo e também defendê-lo do sol, dos insetos, dos espíritos maus. E para revelar de quem se tratava, como estava se sentindo e o que pretendia.

As cores e os desenhos "falavam", davam recados. Homem que pintasse de vermelho os botoques das orelhas informava que se sentia pronto e com disposição para ser pai. O tom vermelho, forte, quente, liberaria forças ligadas à geração.

A primeira tarefa diária da mãe era a de refazer a pintura do seu corpo e as do corpo do marido e dos filhos. No banho da manhã, esfregando-se com argila, que fazia o papel de sabão, retiravam a pintura da véspera. E repintavam-se conforme os planos do dia.

ROGÉRIO REIS/PULSAR IMAGENS

↗ Indígena na aldeia Yawalapiti no Kuarup em homenagem ao antropólogo Darcy Ribeiro, em Gaúcha do Norte, Mato Grosso. A arte-técnica da maquilagem exercida com requinte.

RENATO SOARES/PULSAR IMAGENS

↗ Indígena com pintura corporal para o ritual feminino do Yamurikumã na aldeia Kamayurá, em Gaúcha do Norte, Mato Grosso.

Conheciam, desde criança, os significados dos tons e dos desenhos. A cor vermelha iam buscar na planta urucum ou no mineral hematita; a preta, no jenipapo ou nos caroços de algodão. Carvão vegetal e sumos de frutos ampliavam as possibilidades de pintura, dando as meias--tintas. O caulim fornecia a cor branca. Recolher material, preparar as tintas e pintar eram tarefas femininas. Homem não pintava mulher. Somente mulher pintava homem. Uma das irmãs pintava o irmão viúvo ou solteiro.

Boa tinta, boa pintura, bom desenho garantiam boa sorte na caça, na guerra, na pesca, na viagem. Até no amor. Cada tribo, cada meia-tribo e cada família desenvolviam padrões de pintura fiéis a seu modo de ser.

Nos dias comuns, a pintura podia ser bastante simples. Nas festas, nos combates, mostrava-se requintada, cobrindo também a testa, as faces e o nariz. Raramente, a boca e o queixo.

Saber "ler" a pintura corporal de um indígena resultava da maior importância para relacionar-se com ele. Tanto quanto entender e falar a sua língua.

Não escreveram nem edificaram ou esculpiram. Não nos disseram quem foram nem o que sabiam. Estariam, em 1500, no estágio mais baixo de um povo em decadência ou começando a se organizar?

Do que nos chegou, podemos concluir que possuíam *noções de botânica*. Davam nomes aos vegetais dividindo-os em famílias, grupos e classes. Distinguiam *ibá*, árvore robusta, madeira para uso pesado; *ibirá*, arbusto, madeira de menor qualidade; *caá*, ervas, cipós, lianas, trepadeiras.

Faziam distinção entre os metais, não pelo seu uso, mas por suas cores: *itajubá*, pedra amarela, o ouro; *itatinga*, pedra branca, a prata; *itaúna*, pedra preta, o ferro. As pedras mereciam maior ou menor atenção, conforme sua beleza, cor, forma e utilidade.

No céu e na terra buscaram informes meteorológicos. Tonalidades, nuvens, voos, inquietação animal, presença de orvalho previam o dia seguinte. O período de tempo a que chamamos ano era marcado pelo reaparecimento, no céu matinal, das estrelas *Seichu*, que significa abelhas, a nossa constelação das Plêiades. O ano dividia-se em duas estações: *coaraci-ara*, do Sol, da estiagem, *almana-ara*, das chuvas. O amadurecimento do milho, das frutas, a floração das árvores confirmavam que o tempo ia passando.

Algumas tribos sabiam um pouco mais a respeito dos astros. Os passés do Rio Negro revelaram a Von Martius que o Sol se mantinha fixo, observando a Terra girar ao seu redor. Os tupis, íntimos do mar, relacionaram as marés com as fases da Lua, deram nomes a astros e fixaram a mudança das estações pelo surgimento de certas estrelas.

Trabalhavam com números na medida de suas necessidades. Primitivamente, os tupis contavam apenas até 4: *yepé*, 1; *mocõe*, 2; *moçaíra*, 3; *erundi*, 4. Para indicar quantidades maiores, mostravam os dedos. Das mãos e dos pés. Se necessário, também os dedos das pessoas presentes.

ARQUIVO/EDITORA MELHORAMENTOS

Seria uma escrita? Desenho artístico? Recado para a posteridade? Ainda não se sabe.

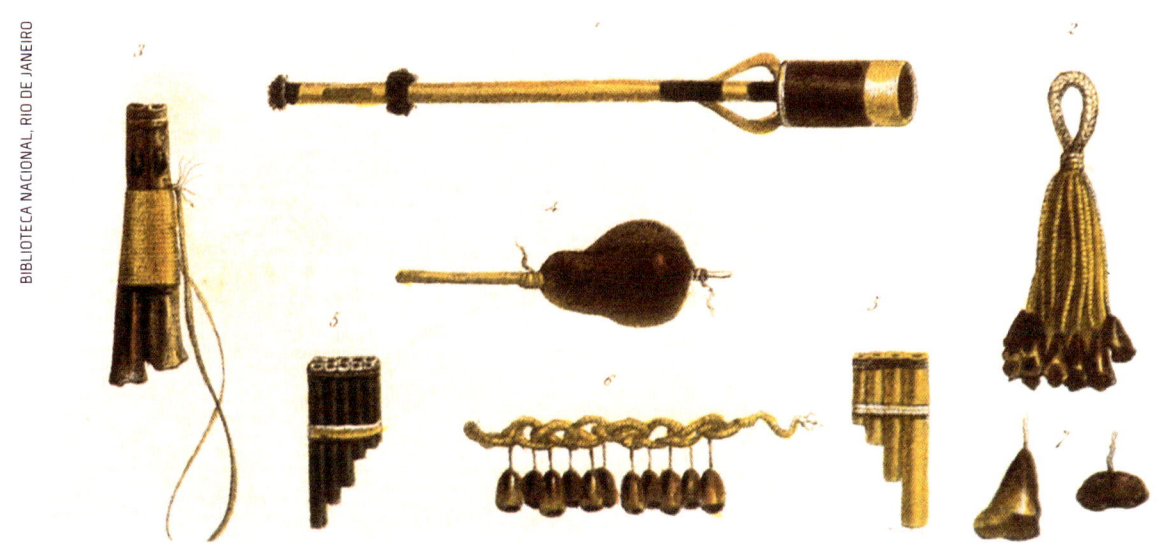

↗ Jean-Baptiste Debret. Instrumentos de música indígenas. In: *Viagem Pitoresca e Histórica ao Brasil* (1834-1839). A arte de bem se apresentar em público implicava boa técnica e algum sacrifício.

Foram acrescentando: *uaxiny*, 5; *moçuny*, 6; *ceye*, 7; *oicé*, 8; *oicipê*, 9; *peyé*, 10. Mais tarde, quem sabe já em contato com os portugueses, formaram vocábulos segundo o processo decimal: *peyé-yepé*, 11; *peyé-mocõe*, 12; *mocõe-peyé*, 20; *mocõe--peyé-yepé*, 21; *mocõe-peyé-mocõe*, 30; *erundi-peyé*, 40; *yepé-papaçaua*, 100; *mocõe-papaçaua*, 200; *peyé-papaçaua*, 1 mil; *mocõe-peyé-papaçaua*, 2 mil; *peyé--peyé-papaçaua*, 10 mil; *peyé-papaçaua--yepé-papaçaua*, 1 milhão.

Formavam os números ordinais com o uso do sufixo *uara*: *yeperuru-ara*, primeiro; *mocõe-uara*, segundo; *moçapyra-uara*, terceiro; *peyé-uara*, décimo; *peyeuara-yepé*, décimo primeiro.

A construção de tal sistema de numeração permitiu também elaborar um código para comunicação a curta distância. Código empregado na transmissão de notícias por meio de trocanos ou tambor de aviso e de fogueiras ou rolos de fumaça. Além dos instrumentos, era forçoso que o emissor e o receptor soubessem "escrever" e "ler" tais sons e sinais.

A seu modo e com o que dispunham, os indígenas foram industriosos. As mulheres desenvolveram a indústria têxtil, que, trabalhando com algodão e fibras, chegou a tecidos simples para sacolas, aljavas e faixas ornamentais. Consta que, nas regiões mais ásperas de Roraima, andaram calçados com sandálias feitas com pranchas de buriti. Nenhuma tribo deixou de produzir redes, cerâmica utilitária, arcos, flechas, escudos, tambores, buzinas, piós, flautas, trombetas, pilões, tipitis. As tribos praieiras, dominando o mar, souberam navegar com barcos adequados, nos quais içavam uma vela para dominar os ventos. Os paiaguás, com frotas de várias dezenas de canoas, ameaçaram por meio século o domínio português sobre Cuiabá, suas minas e vilas. Entre os amazônicos, houve os que, da seringa-borracha, obtiveram bolas usadas, talvez, em disputas esportivas não longe do futebol.

Nas rochas de vários pontos do país, inscrições em pedras, as *itaquatiaras*, admitindo, o que não é pacífico, que sejam obras do povo que chamamos indígena, constituem ainda mistério: seriam observações astronômicas, preito aos deuses, registros de viagens e de aventuras, mensagens aos passantes e ao futuro? De qualquer forma, são obras indígenas que revelam alguma técnica em desenho, pintura, compenetração artística.

O indígena recebeu com grande cortesia o estranho europeu descido na praia cabralina. Até dançaram juntos. Levaram os portugueses à taba. Subiram aos navios. Mais tarde, acolheram náufragos, desertores, degredados, comerciantes, religiosos, aventureiros e lhes deram abrigo, companhia e até esposas.

No entanto, a convivência pacífica não se prolongou. O europeu vinha endurecido por muitas guerras e convencido de que o homem mais agressivo e melhor armado tinha o direito de impor a sua razão, raça, língua, religião. E estava obcecado pelos grandes lucros com o comércio de especiarias, de madeiras nobres e de metais. Dando-se por superior, entendeu dominar o americano.

O rei de Portugal, apoiado no Tratado de Tordesilhas, proclamou-se senhor da terra descoberta. Portanto, também dos seus habitantes.

A primeira fase desse domínio foi a do comércio de pau-brasil. O trabalho de cortar a árvore e transportar a tora da floresta à praia foi executado pelo indígena. Sem ferramentas, máquinas ou ajuda animal. No braço e no ombro. Em troca de ferramentas, espelhinhos, contas de vidro, miçangas, retalhos coloridos. Trabalho explorado, porém livre. O indígena podia aceitar ou recusar.

Mas, no final de 1532, o rei João III decidiu colonizar o Brasil pelo sistema das capitanias hereditárias. Entregou porções do território para fidalgos da sua escolha. Esses donatários eram obrigados a abrir estradas, erguer povoações e, principalmente, produzir açúcar. Não havia gente para tanto trabalho; portanto, passaram a comprar prisioneiros de tribos vizinhas, obrigando-os ao serviço na roça e na oficina. Houve mais guerra para que houvesse mais prisioneiros e mais ganhos. Sob a desculpa de que se tratava de bárbaros, a escravização deixou de ser apenas de prisioneiros. Expedições saíram para o mato, apoiadas

BIBLIOTECA NACIONAL, RIO DE JANEIRO

↗ Hans Staden. *Um navio português ao largo de Ubatuba*. Em primeiro plano, Ippaun wasu, a Ilha Grande. Ilustração das memórias de Hans Staden, *História verídica e descrição de uma terra de selvagens...* Xilogravura, 1557. Na defesa da sua taba, flotilha de canoas indígenas cerca navio europeu (do livro de Hans Staden).

por indígenas aliados, a fim de caçar escravos. Foi inútil até mesmo o fato de o papa Paulo III, em 2 de junho de 1537, ter proclamado como verdade que os indígenas eram criaturas humanas, possuíam alma, portanto não podiam ser escravizados.

Explorando rivalidades tribais, os conquistadores fizeram dos indígenas aliados auxiliares valiosos em campanhas contra outros brancos, franceses, espanhóis, holandeses. Principalmente, contra outros indígenas. O exército, conduzido por Raposo Tavares e responsável pela destruição dos povoados guaranis das Missões, contava 2 mil auxiliares tupis. Outros novecentos atacantes eram mamelucos, ou seja, filhos de mãe indígena.

Nos dois primeiros séculos de Brasil, os indígenas foram o braço que trabalhou na lavoura, o guerreiro que ajudou a expulsar o estrangeiro, o vaqueiro que levou o gado para o sertão abrindo fronteiras, o descobridor de minas de ouro, o apoio forte do bandeirante no alargamento do território.

A caça ao escravo, conduzida por entradistas e bandeirantes, levou a destruição ao mundo indígena. Em 1600, já não havia tupinambás organizados em tribos. Não há como saber o número dos aprisionados e dos mortos em guerras de extermínio. Com certeza acima de 500 mil, apesar da oposição dos jesuítas que, por sua defesa do gentio, acabaram sendo expulsos, em 1641, de São Paulo e de outros locais dominados pelos escravistas.

Na tentativa de revide e defesa, em guerras extremamente ferozes, o indígena também atacou, queimou, matou, devorou. Tamoios, caetés, cambebas, potiguares, anicuns, cariris, paiaguás, guaicurus, com seus chefes maiores Cunhambebe, Aperipê, Ajuricaba, Mbaopeba, Mel Redondo, destacaram-se nessa resistência ao conquistador.

Apesar de o marquês de Pombal haver declarado, em 7 de junho de 1775, "a completa liberdade dos indígenas", a investida contra eles não cessou. A Carta Régia de 13 de maio de 1808, sendo já o Brasil sede da monarquia portuguesa, ordenava o extermínio dos botocudos, de Minas Gerais, e dos caingangues, de São Paulo. Esse ato originou a profissão de bugreiro, especialista, por quase um século, na matança dos indígenas.

Foi preciso esperar 1910 e por Cândido Mariano da Silva Rondon para que o indígena recebesse alguma proteção. Já não havia muitos deles.

↗ "dèspe o Tenente a chimarra vermelha, véstea ao Indio, e os mais Camaradas vestem os filhos, despindo-se dos seus próprios vestidos." Documentação iconográfica sobre a conquista dos Campos de Guarapuava, 1771. Pintura pertencente ao conjunto atribuído a Joaquim José de Miranda, retrata os indígenas sendo vestidos pelos expedicionários. Século XVIII. Guache e aquarela.

↗ "o Cappitão Carneiro que passou alem do rio com outros Camaradas, ficando ester mortos, veyo fogindo." Documentação iconográfica sobre a conquista dos Campos de Guarapuava, 1771. Pintura pertencente ao conjunto atribuído a Joaquim José de Miranda. Século XVIII. Guache e aquarela.
Gravuras do livro A Expedição do Tenente-Coronel Afonso Botelho e Souza aos Sertões do Tibagi, Joaquim José de Miranda, reproduz o confronto entre os indígenas e os expedicionários.

A HERANÇA INDÍGENA

Apesar de tudo, o indígena ganha presença e espaço na cultura nacional.

Na construção da casa do caboclo, no que ele planta e come, em como ele caça e pesca, aprecia a música, a dança, as longas conversas que entabula, sentado sobre os calcanhares.

Nas muitas centenas de palavras indígenas, perfeitamente acomodadas ao português falado no Brasil, a exemplo de biboca, caipira, carioca, cumbuca, jacaré, jururu, moqueca, peteca, pururuca.

Nos sonoros nomes indígenas, presentes nas certidões de nascimento: Araci, Jandira, Jurema, Jurandir, Ibiapaba, Moema, Ubirajara. Sobrenomes ilustres estendem ligações até as tabas: Borborema, Capanema, Bocaiúva, Cotegipe, Ibiapina, Inhaúma, Jaceguai, Maricá, Sinimbu. A arte cerâmica sertaneja figura na herança deixada pelo indígena.

Plantas e animais continuam sendo designados conforme o faziam os mateiros e os caçadores selvagens: ananás, buriti, caju, carnaúba, cipó, ipê, imbuia, pitanga, pitomba. E araponga, capivara, sabiá, sagui, sucuri.

Olhar para o mapa é atestar a abundância de lugares aos quais os indígenas deram nome: Acaraí, Anhangabaú, Ceará, Corumbá, Cataguases, Cuiabá, Curitiba, Garanhuns, Goiás, Guaíba, Paranapanema e centenas de outros.

A mesa dos brasileiros reclama os pratos ideados por cozinheiras das malocas: beiju, barreado, canjica, cambuquira, curau, paçoca, pamonha, pipoca, tapioca, farinhas de mandioca, de milho, de peixe, de banana.

Nos mercados e feiras continuam à disposição raízes, cascas, sementes, cipós que serviram aos pajés para a sua medicina.

↗ As panelas de cerâmica são herança indígena.

RENATO SOARES/PULSAR IMAGENS

↖ Cestaria kayiapó – Menção obrigatória. Acervo Memorial da América Latina. Utensílios fabricados por mulheres indígenas. Também são utilizados por mulheres não indígenas, sendo, assim, parte da cultura brasileira.

RENATO SOARES/PULSAR IMAGENS

↖ Indígena da etnia Kuikuro tecendo rede de dormir, em Gaúcha do Norte, Mato Grosso.

Na literatura, a corrente indianista (1850-1860) significou um surto de nacionalismo, contrapondo as virtudes do selvagem ao colonialismo do europeu. Gonçalves Dias, na poesia, e José de Alencar, na prosa, foram nomes principais desse movimento de valorização da vivência indígena.

O folclore tem na imaginação fértil dos indígenas uma das suas três principais vertentes. A cadência da música, as evoluções de algumas danças: catira, cateretê, cabocolinhos; os mitos, os imaginários ligados à geografia, sustentam o lendário e a arte do aborígine.

Cinco séculos depois de surpreendido em sua simplicidade pelo conquistador europeu, o indígena permanece atuante na cultura popular brasileira. E, enquanto isso, aqui e ali, por todo o país, os descendentes das últimas tribos do mesmo indígena de antigamente vagueiam por campos e florestas. E em bom número, enfrentando quase os mesmos problemas dos seus antepassados nos séculos XVI e XVII.

CUIDADOS PARA COM O INDÍGENA

Somente depois de quatro séculos, desde o descobrimento, o indígena brasileiro mereceu cuidados por parte do governo. Em 20 de julho de 1910, o Decreto n. 8.072 criou o Serviço de Proteção aos Índios (SPI).

O documento reconheceu a existência de um conflito, que se tornaria mais grave à medida que o povoamento avançasse para o interior do país, gerando atividades agrícolas pastoris, industriais e de mineração.

O primeiro diretor do Serviço de Proteção aos Índios, Cândido Mariano da Silva Rondon, imprimiu tais características ao organismo, que a XXXIX Conferência Internacional do Trabalho, reunida em 1956, em Genebra, Suíça, considerou a política indigenista brasileira exemplo para as nações postas diante de situação idêntica.

O Decreto n. 8.072 e sua regulamentação pelo Decreto n. 9.214, de 15 de dezembro de 1911, estabeleceram o respeito à autodeterminação do indígena, a proibição do desmembramento da família e a proteção ao seu patrimônio territorial.

Nem sempre tudo correu conforme o desejado. Faltaram verbas e vontade firme por parte de autoridades. O progresso e os problemas que o acompanham chegaram às regiões das últimas tribos bem antes do que os instrumentos de proteção. A questão indígena sempre despertou mais críticas do que elogios. Faltou pessoal qualificado para os contatos, planejamento que atendesse ao complexo sociocultural do indígena.

ARQUIVO/ESTADÃO CONTEÚDO

Cândido Mariano da Silva Rondon, marechal do Exército brasileiro, descendente de indígenas terenos, nasceu em Morro Redondo, no Mato Grosso, em 5 de maio de 1865, e faleceu na cidade do Rio de Janeiro, em 19 de janeiro de 1958. Foi o primeiro presidente do Serviço de Proteção aos Índios (SPI), criado em 1910 e extinto em 1967, quando foi substituído pela Funai.

↖ Indígenas participam da Assembleia Constituinte de 1988.

Em 22 de novembro de 1939, o Decreto n. 1.794 estabeleceu o Conselho Nacional de Proteção aos Índios. Em 1942, 1943 e 1945, outros decretos e regulamentos mais complicaram do que facilitaram a tarefa de cuidar dos silvícolas. Existiam, e de certo modo competiam entre si, o Serviço de Proteção aos Índios, o Conselho Nacional de Proteção aos Índios e o Parque Indígena do Xingu, idealizado pelos irmãos Orlando e Cláudio Villas-Bôas, resultado da devoção deles à causa indígena. Até que o Decreto n. 62.196, de 31 de janeiro de 1968, deu estrutura à Fundação Nacional do Índio (Funai), reunindo os organismos citados. Em 1973, o Estatuto do Índio, resultante da Lei n. 6.001, assegurou ao gentio a posse de territórios, entregando-lhe, num todo, o espaço equivalente a 11% da superfície brasileira, ou seja, cerca de 900 mil quilômetros quadrados, superior à área de mais de cinquenta nações soberanas.

Na esfera privada, diferentes entidades também se organizaram para atuar entre os indígenas e a favor deles, de modo particular organizações religiosas, nacionais e estrangeiras. São exemplos o Conselho Indigenista Missionário (CIMI), o Centro Ecumênico de Documentação Indígena (CEDI), de 1974, a Associação Nacional de Apoio ao Índio (ANAI), de 1977, e pessoas dedicadas a servir ao indígena, das quais são exemplos os irmãos Cláudio, Leonardo e Orlando Villas-Bôas.

Os descendentes daqueles prováveis 2 milhões de indígenas dos dias de Cabral somam hoje mais de 800 mil brasileiros, que se identificavam como indígenas diante do Censo Nacional da População, realizado em 2010. Conforme dados do Instituto Brasileiro de Geografia e Estatística (IBGE), daqueles 817 mil, 315 mil indígenas residem em zonas urbanas. No censo do ano 2000, os urbanizados somaram 382.298. A urbanização, com o sedentarismo, os costumes, as limitações, a alimentação (sal, gorduras, álcool etc.), aceleram a mudança do indígena. Algumas tribos praticamente se desfizeram, passando esses aborígines a marcar presença (2010) em 80,5% das cidades. São Paulo metrópole, por exemplo, contou 12.977 habitantes que se disseram indígenas. Mais do que a paulistana, habitavam, São Gabriel da Cachoeira, 29 mil; São Paulo de Oliveira, 15 mil; Tabatinga, 14,9 mil. O Estado de São Paulo mantém (2012) cerca de trinta e uma escolas indígenas, nas quais o ensino é conduzido com material bilíngue, por mestres indígenas.

Meninas da aldeia Quatro Cachoeiras. Etnia Paresi, em Campo Novo do Parecis, Mato Grosso. Arte, beleza, autoestima, harmonia com a natureza: mensagens que ficam.

Indígena yanomami na roça de bananas na aldeia do Castanha, na região de Mararí, em Barcelos, Amazonas.

Grupo de indígenas umutinas em frente à maloca, na aldeia Umutina.

Um novo conceito

O primeiro decênio do século registrou acentuada mudança no critério com que o país — governo e crescente porção do povo — passou a considerar o indígena. Até então, no entender, por exemplo, do Conselho Indigenista Missionário, vigora no país "uma cultura anti-indígena". A antropóloga Manuela Carneiro da Cunha, no livro *Os Direitos do Índio — Ensaios e Documentos* afirmou que "hoje, no direito internacional, não se pretende mais a 'assimilação' dos aborígines, e sim o respeito à diversidade cultural e aos direitos à terra das populações indígenas".

Coerente com esse pensar, o Supremo Tribunal Federal julgou a questão das terras reclamadas pelos indígenas yanomamis, e a dos 54 mil hectares devolvidos aos pataxós-hã-hã-hães. Com as terras, garantias, assistência e segurança bastante para evitar a repetição de massacres, como os de duzentos e cinquenta caiovás em Mato Grosso do Sul e trezentos no Jamari amazônico.

Essa nova conceituação ganhou amplo reforço em 5 de junho de 2012, quando a presidente da República instituiu a Política Nacional de Gestão Territorial e Ambiental de Terras Indígenas. Ao mesmo tempo homologou por decreto a criação de sete áreas indígenas na Amazônia (Santa Cruz da Nova Aliança, Matintin, Tenharim Marmelos, Riozinho de Alto Elvira, Xipáya, Lago do Marinheiro e Porto Limoeiro).

É verdade que existem grupos isolados, ainda arredios, no Amapá, no Amazonas, no Pará, no Maranhão.

Estão dispersos em cento e oitenta etnias, entre as quais são faladas mais de cento e cinquenta línguas, divididas em vinte e seis famílias e cento e sessenta e três dialetos, compreendidas em três troncos: tupi, macro-jê, aruaque. Vivem em pequenas comunidades isoladas em áreas culturais.

Entre os problemas que mais de perto os afligem está o da sedução que a vida dita civilizada exerce sobre os jovens e a quase sempre desastrosa adaptação a esse modo de viver diferente. Também enfrentam conflitos com vizinhos hostis, a pressão de atividades como a do garimpo, da extração de madeira, da mineração, da redução da floresta e dos campos para atender à expansão da pecuária.

Como resposta, em muitas comunidades surgem iniciativas destinadas a conter e a disciplinar a atração pelo meio urbano, mediante a retomada da cultura tradicional. A língua ensinada regularmente, a arte, a dança e as técnicas produtivas constituem elementos dessa resistência e desse retorno.

LINHA DO TEMPO

	INDÍGENAS BRASILEIROS	AMÉRICA
18000 a.C.	Vestígios da presença humana em Lagoa Santa.	_____
9000 a.C.	Povos coletores no Brasil Central.	Hominídeos habitam e deixam vestígios no sítio de Clóvis, Novo México, Estados Unidos.
1000 a.C.	Povos ceramistas na Amazônia.	_____
0	Levas indígenas deixam os Andes orientais, descendo pelo interior e pelo litoral.	Migrantes que deixam os Andes venezuelanos trazem a mandioca para o território hoje brasileiro.
1100	Tupis e guaranis encontram-se no vale do Tietê, completando a ocupação humana do Brasil.	Capac fixa o seu clã na região de Cuzco, dando início ao domínio inca. Extingue-se a cultura misteca no vale de Oaxaca, México.
1500	Os portugueses desembarcam oficialmente no Brasil. Pero Vaz de Caminha descreve a terra e o indígena ao rei Manuel.	Espanhóis iniciam a destruição dos impérios nativos americanos.
1600	Já não há comunidades tupinambás organizadas. A cooptação para a guerra e a escravização para a lavoura dominam o relacionamento entre europeus e indígenas.	As riquezas minerais descobertas na Bolívia levariam à fundação (1604) de Oruro e, mais tarde, ao Tribunal de Contas, em Lima.
1755	O marquês de Pombal decreta a liberdade do indígena.	Espanha e Portugal conduzem a guerra guaranítica para expulsar os indígenas do território das Missões.
1808	Carta Régia ordena guerra de extermínio contra os botocudos e os caingangues.	A família real portuguesa transfere-se para o Brasil. O Rio de Janeiro se torna a cabeça do Império Lusitano.
1910	Criado o Serviço de Proteção ao Índio.	Os Estados Unidos intervêm em Honduras. No México, cresce a oposição a Porfírio Diaz. Começa-se a mencionar os caudilhos Emiliano Zapata e Pancho Villa.

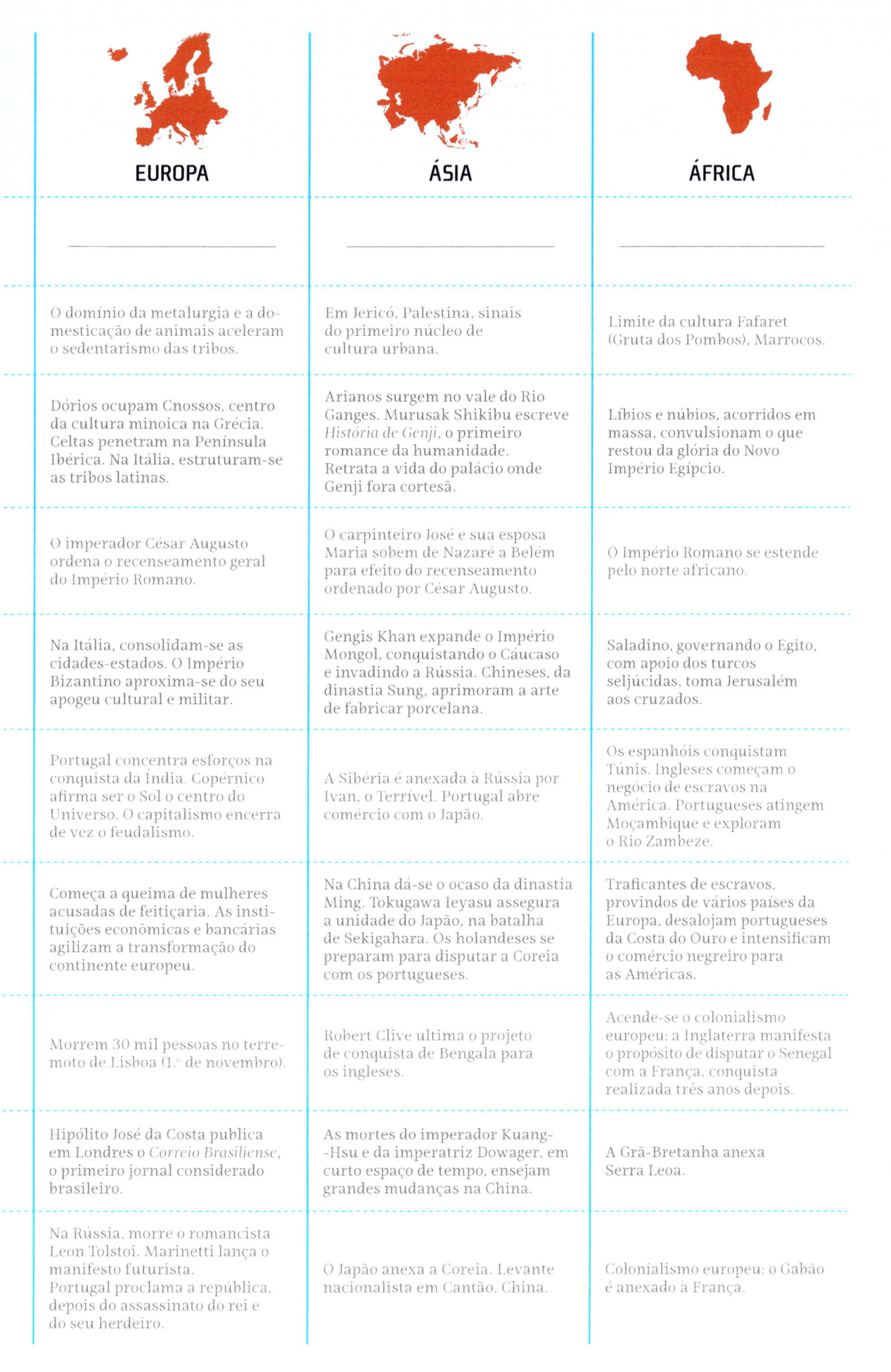 EUROPA	ÁSIA	ÁFRICA
O domínio da metalurgia e a domesticação de animais aceleram o sedentarismo das tribos.	Em Jericó, Palestina, sinais do primeiro núcleo de cultura urbana.	Limite da cultura Fafaret (Gruta dos Pombos), Marrocos.
Dórios ocupam Cnossos, centro da cultura minoica na Grécia. Celtas penetram na Península Ibérica. Na Itália, estruturam-se as tribos latinas.	Arianos surgem no vale do Rio Ganges. Murusak Shikibu escreve *História de Genji*, o primeiro romance da humanidade. Retrata a vida do palácio onde Genji fora cortesã.	Líbios e núbios, acorridos em massa, convulsionam o que restou da glória do Novo Império Egípcio.
O imperador César Augusto ordena o recenseamento geral do Império Romano.	O carpinteiro José e sua esposa Maria sobem de Nazaré a Belém para efeito do recenseamento ordenado por César Augusto.	O Império Romano se estende pelo norte africano.
Na Itália, consolidam-se as cidades-estados. O Império Bizantino aproxima-se do seu apogeu cultural e militar.	Gengis Khan expande o Império Mongol, conquistando o Cáucaso e invadindo a Rússia. Chineses, da dinastia Sung, aprimoram a arte de fabricar porcelana.	Saladino, governando o Egito, com apoio dos turcos seljúcidas, toma Jerusalém aos cruzados.
Portugal concentra esforços na conquista da Índia. Copérnico afirma ser o Sol o centro do Universo. O capitalismo encerra de vez o feudalismo.	A Sibéria é anexada à Rússia por Ivan, o Terrível. Portugal abre comércio com o Japão.	Os espanhóis conquistam Túnis. Ingleses começam o negócio de escravos na América. Portugueses atingem Moçambique e exploram o Rio Zambeze.
Começa a queima de mulheres acusadas de feitiçaria. As instituições econômicas e bancárias agilizam a transformação do continente europeu.	Na China dá-se o ocaso da dinastia Ming. Tokugawa Ieyasu assegura a unidade do Japão, na batalha de Sekigahara. Os holandeses se preparam para disputar a Coreia com os portugueses.	Traficantes de escravos, provindos de vários países da Europa, desalojam portugueses da Costa do Ouro e intensificam o comércio negreiro para as Américas.
Morrem 30 mil pessoas no terremoto de Lisboa (1.º de novembro).	Robert Clive ultima o projeto de conquista de Bengala para os ingleses.	Acende-se o colonialismo europeu: a Inglaterra manifesta o propósito de disputar o Senegal com a França, conquista realizada três anos depois.
Hipólito José da Costa publica em Londres o *Correio Brasiliense*, o primeiro jornal considerado brasileiro.	As mortes do imperador Kuang-Hsu e da imperatriz Dowager, em curto espaço de tempo, ensejam grandes mudanças na China.	A Grã-Bretanha anexa Serra Leoa.
Na Rússia, morre o romancista Leon Tolstoi. Marinetti lança o manifesto futurista. Portugal proclama a república, depois do assassinato do rei e do seu herdeiro.	O Japão anexa a Coreia. Levante nacionalista em Cantão, China.	Colonialismo europeu: o Gabão é anexado à França.

A HISTÓRIA DOS INDÍGENAS BRASILEIROS

32160 a.C. Testemunhos de atividades em São Raimundo Nonato, no Piauí.

18000 a 12000 a.C. Vestígios de ação do homem em Lagoa Santa, Minas Gerais, e em Paranapanema, São Paulo.

9000 a.C. Povos coletores vagueiam pelo Brasil Central.

1000 a.C. Povos ceramistas simples, na Amazônia.

500 Povos capazes de produzir cerâmica policromada, na Amazônia.

1100 Povos horticultores e ceramistas simples, no Brasil Central.

De 1000 a 1100 Tupis começam o domínio do litoral atlântico.

1500 Chegada dos europeus: portugueses, franceses e espanhóis.

1532 Com as capitanias hereditárias e a produção açucareira, principia a escravização do indígena.

1537 Bula do papa Paulo III declara ser o indígena criatura humana. Dotado de alma, não poderia ser caçado ou escravizado.

1585 A Câmara de São Paulo oficializa o apresamento dos indígenas.

1600 Já não existem tupinambás organizados em tribo.

1755 O marquês de Pombal decreta a total liberdade do indígena.

1808 Carta Régia decreta guerra de extermínio contra algumas tribos, que ainda se opunham ao avanço do civilizado.

1910 Criado o Serviço de Proteção ao Índio (SPI).

1911 O Decreto n. 9.124 define os direitos dos indígenas.

1939 Criado o Conselho Nacional de Proteção ao Índio (CNPI).

1968 Criada a Fundação Nacional do Índio (Funai).

1973 A Lei n. 6.001 decreta o Estatuto do Índio.

1994 Os remanescentes indígenas seriam entre 220 mil e 250 mil.

BIBLIOGRAFIA

BALDUS, Herbert. *Lendas dos Índios do Brasil.* São Paulo: Brasiliense, 1946.

BASTOS, Cláudio. *Dicionário Histórico e Geográfico do Estado do Piauí.* Teresina: Fundação Cultural Monsenhor Chaves, 1994.

BUENO, Francisco da Silveira. *Grande Dicionário Etimológico-Prosódico da Língua Portuguesa.* São Paulo: Editora Brasília, 1974.

CÂMARA Cascudo. *Dicionário do Folclore Brasileiro.* São Paulo: Melhoramentos/INL, 1979.

CUNHA, Antônio Geraldo da. *Dicionário Histórico das Palavras Portuguesas de Origem Tupi.* São Paulo: Melhoramentos/Edusp, 1978.

FERNANDES, Florestan. *Organização Social dos Tupinambá.* São Paulo: Difusão Europeia do Livro, 1963.

HOLANDA, Sérgio Buarque de. *Caminhos e Fronteiras.* 3. ed. São Paulo: Companhia das Letras, 1994.

HOORNAERT, Eduardo. *História do Cristianismo na América Latina e no Caribe.* São Paulo: Paulus, 1994.

LAMING-EMPERAIRE, Annette. "O problema do povoamento da América". In: Leroi--Gourhan, *Pré-História.* São Paulo: Pioneira/Edusp, 1981.

LARAIA, Roque Barros. *Los Índios de Brasil.* Madri: Editorial Mapfre, 1993.

LIMA, Oswaldo Gonçalves de. *Pulque, Balché y Pajuaru.* Recife: UFP, 1975.

MAESTRI, Mário. *Os Senhores do Litoral.* Pará: Editora da UFRGS, 1994.

MARTIUS, C. F. P. von. *Viagem pelo Brasil.* Rio de Janeiro: Imprensa Nacional, 1938.

MELLO, José Barboza. *História das Lutas do Povo Brasileiro.* Rio de Janeiro: Leitura, s/d.

ROCHA Pombo. *História do Brasil.* São Paulo: Melhoramentos, 1968.

SAAB, Paulo. *A Grande Viagem.* São Paulo: Augustus, 1994.

SAMPAIO, Aluysio Mendonça. *Senhores e Escravos – A escravidão do indígena no Brasil.* São Paulo: Carthago & Forte, 1994.

STADEN, Hans. *Viagem ao Brasil.* Rio de Janeiro: Tecnoprint Gráfica, s/d.

THÉVET, André. *Singularidades da França Antártica.* São Paulo: Nacional, 1944.

VILLAS-BÔAS, Orlando; VILLAS-BÔAS, Cláudio. *Xingu: Os índios, seus mitos.* São Paulo: Edibolso, 1970.

PUBLICAÇÕES

Diário Oficial do Município do Rio de Janeiro, Suplemento Especial para o Dia do Índio, 12 abr. 1994.

IBGE – *A Cultura Brasileira, Comissão Censitária Nacional.* Rio de Janeiro, 1943. *O Estado de S. Paulo/Estadinho,* São Paulo, 2 abr. 1994.

Revista do Instituto Histórico e Geográfico do Brasil. Rio de Janeiro, volume especial, Imprensa Nacional, 1933.

Revista Visão – Entrevista de Orlando Villas-Bôas. São Paulo, 10 fev. 1975.

ARQUIVO/EDITORA MELHORAMENTOS

Hernâni Donato

nasceu na cidade paulista de Botucatu em 1922. Foi escritor, jornalista, historiador, relações-públicas e produtor cultural. Membro do Instituto Histórico e Geográfico de São Paulo (IHGSP), integrou também a Academia Paulista de Letras, a Academia Santista de Letras e a Academia de Letras de Brasília. Sua vasta obra literária é composta de mais de sessenta livros, entre contos, romances, literatura infantojuvenil, biografias, historiografia e roteiros de filmes. De seus romances, podemos citar *Filhos do Destino*, *Chão Bruto*, *Selva Trágica* e *O Caçador de Esmeraldas*. Entre os infantojuvenis, foram publicados *Histórias da Floresta*, *Façanhas do João Sabido*, *O Tesouro* e *Contos dos Meninos Índios*. É autor de biografias de José de Alencar, Vicente de Carvalho, Casimiro de Abreu, Vital Brasil, Raposo Tavares, Galileu e outros. Entre seus livros de história, destacam-se *A Revolução de 32*, *Dicionário das Batalhas Brasileiras* e *Breve História do Brasil*.
Com nova edição em 2014, os títulos são *Os Povos Indígenas no Brasil*, *O Cotidiano Brasileiro no Século XVI*, *O Cotidiano Brasileiro no Século XVII*, *O Cotidiano Brasileiro no Século XVIII* e *O Cotidiano Brasileiro no Século XIX*. Faleceu em 22 de novembro de 2012.

COLOFÃO

Esta obra, composta com as famílias tipográficas Ninfa Serif e Nicks, do designer brasileiro Eduilson Coan (dootype.com.br), foi impressa em papel cuchê fosco (miolo) e papel cartão (capa).